W

～ダブル～

人とは違う、
それでもいい

酒井高徳

プロローグ

日曜日のドイツは静かだ。

特に気温の下がる冬はその静けさが増すような気がする。冷たい空気が肌をつくからかもしれない。

曇った空からたまに射す陽の光はまぶしく、降り積った雪がキラキラと輝いている。ピンと張り詰めた空気を伝わり、教会の鐘の音や子どもたちの声がいつも以上に響く。雪を踏みしめる音でさえ、ギシギシと身体の中をこだまする。

僕はそんなドイツの静かな週末が好きだ。


ドイツでは、日曜日は休日と決まっている。もちろん、僕らサッカー選手は試合を戦うこともあるし、練習が実施されることもあるけれど、多くの人々にとっては休日だ。だから、ほとんどの商店が営業をしていない。スーパーマーケットも衣料品店も家電量販店もパン屋も肉屋も八百屋も閉まっている。日本にあるような24時間休まず営業するコンビニエンスストアはもともとドイツにはないし、あっても日曜日は休むだろう。

最近は大きな鉄道駅にあるドラッグストアが営業するようにはなったけれど、それでも少数派だ。唯一、通常営業を続けているのはレストランくらいだろうか？

だから、日曜日にショッピングはできない。休日に買い物がしたければ土曜日にすればいい。日曜日はただゆっくりと流れる時間を楽しむ……。それがドイツの週末だ。

サッカー観戦に足を運ぶだけでなく、自分自身がスポーツに興じる。公園などで、ジョギングやウォーキング、ピクニックなどそれぞれに休日を満喫する。親戚や家族の家を訪問することもあるだろうし、シャッターが下りた商店街を歩き散歩を楽しむ家族も少なくない。

尽きることのない会話を重ねている姿もまた温かい。

仕事や時間に追われることのないホンモノの休日だからだ。自分や自分の家族、自分の人生のためにその時間を使う。「休む」というただそれだけを贅沢に味わっている。

そんなドイツの週末に欠かせないものといえば、ビールとサッカーだ。英国のプレミアリーグ以上にドイツのブンデスリーガには女性客も多いと思う。２部のクラブでも毎試合

3万人くらいの観客でスタンドが埋め尽くされる。日本ではちょっと想像できないような光景があり、それは歴史が作ってきたものだ。

ブンデスリーガでは外国人選手数を制限するルールがないから多くの国の選手が所属している。EU圏を中心とした西ヨーロッパ、東ヨーロッパに加え、アフリカ、南米、北米そしてアジア。ピッチに立つ選手たちの国籍を並べれば、世界の縮図——というのは大袈《おおげ》裟《さ》だとしても、かなりの国の名前が並ぶだろう。だからロッカールームは多国籍軍といった風情だ。現地語のドイツ語だけでなく、英語が公用語というクラブもある。

使い古されてきた言葉だけれど、文字通り、肌や瞳、髪の色に関係なく、国境や文化、国籍を越えて、ひとつのチームとなり、サッカーボールを追う。そんなブンデスリーガの姿は、ドイツという国そのものだと感じている。

第2次世界大戦敗戦後、ドイツは数多くの難民や移民を受け入れ、彼らに仕事と教育の機会を与えた。小中高だけでなく、大学も授業料が基本的には無料だが、それは留学生も同じ。だから、これまでたくさんの外国人が暮らしてきた（もちろん今も）。彼らの出身地もピッチと同様、欧州各国に限らず、アジア、アフリカ、北中米アメリカや中東などと広範囲になる。ドイツで暮らしドイツ人として子どもを育てる。そして彼らは、「×××系ドイツ人」と呼ばれるようになった。

2011年夏にドイツで仕事を始めてから8年が過ぎ、僕は今、「日本系ドイツ人」として暮らしている。

僕のルーツからいえば、「ドイツにルーツを持つ日本人」である「ドイツ系日本人」のほうがふさわしいのかもしれないけれど、実はあまりしっくりこない。というのも、僕はドイツでやっと、自分が抱えてきたコンプレックス、心のわだかまり、澱《おり》（膿）のようなものを消し去ることができ、今になってようやく「僕はドイツ人だからさ」となんのわだかまりもなくいえるようになったからだ。だから、「日本にルーツを持つドイツ人」という表現がふさわしいんだと思っている。

たとえば、学生時代の僕を知る人が、今の僕の姿を見たら、「そんなに社交的な人間だったっけ?」ととても驚くに違いない。

もちろん、日本にいた頃から、家族や仲のいい友だちを前にすれば、心を許し、冗談をいい合ったり、明るくて楽しい「酒井高徳」でいられた。しかしそれは本当にわずかな人間の前だけだったし、限られた時間だった。

それ以外の多くの時間、特にまだ強さをまったく身につけていなかった幼い頃の僕は、内気な子どもだった。誰かと出会うとまず先に、緊張で身体がこわばるように心を固く閉ざした。

僕は新潟県出身の父とドイツ出身の母の間に生まれた。いわゆるハーフだ。僕が育った新潟の三条市には、当時、そういう家庭の子どもはほとんどいなかった。

「僕に声をかけてくれる人間は、僕の外見を珍しがっているから。僕がハーフだから。みんなとは違う髪と瞳の色だから」

ずっとそう思っていた。

ハーフであることをメリットだと思ったことは一度もなかった。

それは被害妄想でもなんでもなく（加害者から見れば、『被害者意識の強い妄想』となるかもしれないけど）、僕は集団生活を始めた幼稚園の頃から、故意ではない子どもたちの言動に傷ついてきた。どんな行為をされたとか、どんな言葉を投げつけられたとか具体的な記憶はない。幼いながらに消し去ろうとしたからかもしれない。でも、ずっとその体験は「経験」として僕の人生に刻まれてきた。

だから、ひとりでいるほうがずっと楽しい。そんな子どもになった。

徐々に仲間が増えて、サッカーを始めて、「ハーフ」であること以上に「サッカー」で認められるようになり、僕が抱えていたコンプレックスが薄らぐこともあったが、それでも忘れた頃にまた傷つけられた。10代の間はずっとそんな感じだった。


そしてドイツへ来て、僕の見た目は特別なものではなくなった。

どんな見た目でも、髪や目や肌が何色であっても、ドイツの人々はさほど気にしない。ひとりの人間としての「酒井高徳」と向き合ってくれる。

こちらの人は誰かと話をする時、しっかりと相手の目を見る。日本人的には「そんなに見つめないでくれ」と思うほど強い瞳で見抜く。僕もドイツでそんなふうに見つめられ、言葉を交わし、時を過ごしてきた。チームメイトから、監督から、町の人から、レストランの店主から、友人から……そういう時間がどんどん「酒井高徳」を掘り起こしてくれたような気がする。ドイツ人を母に持つハーフの酒井高徳ではなく、日本人を父に持つ酒井高徳でもなく、ただひとりの男としての「酒井高徳」を。

そうして、僕は「酒井高徳」になった。

ドイツ人というか、日本人以外の多くの国の人たちは、自己主張が激しく、自分の非さえ認めようとしないこともある（自分の非を他人に押しつける人だっている）。そういっ相手にはこちらも猛然と戦う。黙っていたらいわれっぱなしだから。

そんな人たちの中で暮らし、僕は思う。

人間の数だけ人生があり、物語があり、ルーツがあり、哲学があり、生き方があり、感情があり、想いがあって当然だ。好きなものや嫌いなものだってさまざまだ。自分の非を認められないのは、それに気づく力がないからかもしれない。相手を尊重する力や協調性やそのための能力がないのも、彼（彼女）のネガティブな個性といえる（それも僕がそう感じるだけで、別の誰かにとっては気にすることではないのかもしれないけど）。

自分の考えとは違う人間の存在を受け入れる。それをドイツに来て学んだ。

同時に欠点だと思っていたことも、見方を変えれば（見る人が変われば）長所になることにも気づき、仕事をするうえで大いに役立った。

自分や自分たちと違うものを「否定」する環境の中で、幼少期の僕は育った。

「よく頑張ったよ」と幼い高徳にそう声をかけて、ねぎらいたい。

でも、同時に思う。

あの頃から、今のようにオープンな性格であったなら、僕の人生はまた違ったものになっただろうと。たくさんの友だちを作り、出会いがあって、チャンスを得られたかもしれない。人との交流はチャンスだけでなく、自分の可能性を広げてもくれるから。

心を閉ざしていた時間が「もったいなかったな」という想いは当然ある。無駄なコンプレックスに悩まされずにいれば、伸び伸びと成長できたかもしれないとも思う。

けれど、スポーツの世界に「たられば」が通用しないのと同じで、人生においても「たられば」をいっても意味がない。僕の人生を歩んだから、今の「酒井高徳」がいる。元日本代表でブンデスリーガ。「これ以上を望んだらばちが当たる」という人がいるかもしれない。でも、「もっともっと」と思ってしまう自分の貪欲さを隠したくはない。それが成長の源だから。

今では、日本でも、スポーツ界や芸能界だけでなく、ルーツが違う両親を持つ人たちが認められる社会になってきた。純粋にそれは嬉しい。しかし、「ハーフ」という代名詞が僕は好きにはなれない。僕は半分ではなく、ひとりの日本人であり、ひとりのドイツ人である。いうなれば「ダブル」だ。「外人」が「外国人」となったように「ハーフ」という呼び方にも変化が生まれてほしいなと僕は思う。

CONTENTS

第2章 視界

CONTENTS

（第3章）ドイツ

第4章 代表

CONTENTS

第5章
人とは違う、それでもいい

（第1章）

chapter 1

ダブル

どうして僕だけ、みんなと違うの？

「僕は家にいるよ。幼稚園、休む」

「どうして？」

「どうしても。幼稚園には行きたくない！」

「行かなくちゃいけないのよ」

「行かないよ。行きたくない」

「どうして？」


幼少期の記憶。

母に何度理由を聞かれても、その理由を言葉にすることはできない。ただ「行きたくない」と繰り返す僕に母は、困った顔を浮かべる。僕はどうしても、幼稚園に行くのが嫌だった。それでも、引っ張られるようにして、毎日幼稚園へ行くしかなかった。そして、たったひとり、迎えが来るのを待っているしか僕にはできなかった。

「お前は毎日、『行きたくない』と泣き叫んでいたんだから」と大人になった僕に母は笑いながら話してくれる。泣き叫んでいた記憶はないが、幼稚園が嫌いだったことは今でも強く覚えている。

そして、その理由も今なら説明できる。

僕が他の子どもたちと違っていたからだ。髪の色は金色で、瞳の色は青い。どっからどう見ても、僕だけ違っていた。鏡を見れば一目瞭然だ。

「外人ってどういうこと?」

「ハーフってどういう意味?」

幼稚園の子どもたちに投げかけられる言葉の意味を母に問うた。僕と同じ色の髪と瞳をした母の表情を曇らせるだけの質問だということも、子どもだった僕にはわからなかった。

毎朝鏡を見て、誰とも「違う」ということを罪のように思い、閉鎖された社会(幼稚園)へと向かうしかなかった。

「どうして、僕だけ、みんなと違うの?」

好奇な目で見られる理由は、「みんなと違うから」だと納得しながら、僕はどんどん心を閉ざしていった。

実際、幼稚園児がどんな言葉を投げつけてきたのか？　そしてどういう行為によって、僕が傷つけられたのか？　細かい記憶があるわけではない。けれど、友だちと呼ばれる子どもたちが僕との間に築いた壁の存在は、幼稚園児ながら自覚していた。だから、そこへ行きたくなかった。もちろん、友人たちに悪意があったわけではないだろうけれど。

日本人の父とドイツ人の母のもと、僕は1991年にアメリカのニューヨーク州で生まれ、2歳の時、父の故郷である新潟県三条市に移った。1歳上に兄・高喜《こうひ》、2歳下に弟・宣福《のりよし》がいる。一番下の弟、高聖《ごうそん》が生まれた時に、兄弟で「ゴウがつく名前にするなら、悟空にしようよ」といい合ったことを覚えている。僕は5歳だった。

今でこそ、両親のルーツが異なる子どもたちは多いし、スポーツ界や芸能界などで活躍する人たちもいて「ハーフ」という言葉にも馴染みがあるだろう。そして、「ハーフだからカッコいい」なんていわれる人たちもいる。しかし、90年代半ばのしかも地方都市では、まだまだその存在は異質なものでしかなかったんだと思う。特に子どもにとっては奇異に映ったはずだ。

しかも兄弟の中で唯一、僕だけが、髪の色がブロンドだった（年齢を重ねて、その色は濃くなっていった)。だから、「ハーフ」や「外人」という言葉を投げつけられたのだろう。

目立ちたくなかった

それは小学校に進級してからも変わらなかった。

さすがに、泣いて行くのを嫌がりはしなかったけれど、入学当初は学校へ行ったところで楽しいことがあった記憶がない。クラスメートとは挨拶くらいはしたけれど、声をかけられても曖昧《あいまい》にうなずくとか、笑ってやり過ごすだけだった。たとえ好意的な言葉だったとしてもそれに対してどう応じていいのか、僕にはわからなかったから。

10歳に満たない子どもにも社会はあるんだと思う。そういう集団生活に身を投じた時、僕は無力だった。人とは違う外見に思い悩み、コンプレックスとして受け入れることで、日々を諦《あきら》めていた。誰も僕のことなんて理解できないと。だから、周囲の人間とはいつも距離をとった。

とにかく目立ちたくなかった。

毎朝授業の前に実施されるドッジボールでも、活躍したくなかった。目立てばきっと

「ハーフ」とか、「外人」といわれる。そうやって珍しがられることは、僕にとっては、悪口をいわれることと同じだった。

「どうして、人と違うことがダメなんだ。悲観する必要も否定することもないじゃないか」

父は何度も何度もそういって、何事にも消極的な僕の背中を押そうとしてくれた。でも、当時の僕にとっては、その言葉は厳しさの象徴でしかなかったし、叱咤されているとしか感じなかった。「父さんはみんなと同じなんだから、僕の気持ちなんてわかるわけない」と思うこともあった。

僕は学校では孤独だった。だけど、幼かった僕はその孤独すら、よくわからなかった。孤独が嫌だから友だちを作ろうというふうには思わなかった。逆に早くひとりになりたかった。学校でのこの嫌な時間が過ぎていくのを待つだけだ。幼稚園同様に小学校低学年時代に良い思い出はほとんどない。

もちろん、その当時の環境やクラスメートたちを責める気にはならない。ただ、僕自身が非力だったからだ。父がいうように「違うことのなにが悪いんだ」と思えていたら、きっと僕は多くの出会いやチャンスを手にできていただろう。僕が恵まれない幼少期を過ごしたのは、心を閉ざし、壁を築いた僕に責任がある。しかし、当時はそんなふうに思う余裕なんて、一切なかった。兄弟たちも同じ想いをしているんじゃないかと考えることもできなかったのだから。

のびきったカエルとサッカー

そんな僕の唯一の楽しみは、下校後、ひとりで遊ぶことだった。

といっても家の中での遊びじゃない。外でのひとり遊びだ。生き物が大好きだった僕は、用水路でザリガニを、公園で虫を探して捕った。学校では見せることのないアクティブな姿で走り回り、ポケットにダンゴ虫やカエルを入れた。もちろん、家で飼うためだ。虫取り網や籠なんて用意していなかった。しかし、たいてい、家に帰るとそれを忘れてしまう。洗濯をする時、僕の服のポケットの中身に気づいた母が悲鳴をあげる……ということが何度もあった。

カエルと入浴する幼い僕の写真が今でも残っている。得意気な僕と湯舟のなかでグターとのびきっているカエル。人肌でもやけどするといわれるカエルだから無理もない。

なにか特別なことを書きたいわけでは決してない。ただ、僕の日々はそんな感じだった。そして、そうしたものを解決してくれた大きな出来事——といった物語がここから始まるわけでもない。ただ少しずつ現実に慣れていった。いわゆる時間が解決してくれたということだ。クラス替えなどの大きな変化がない限り、「珍しがられるから恥ずかしい」という感覚も和らいでいった。

小学五年生になると、部活動がスタートする。体格は小さかったけれど、身体を動かすのが得意だった僕は、とにかくいろんなスポーツをやっていたから、なにか運動部に入りたいと思っていた。そこで選んだのがサッカーだった。

2002年のワールドカップ日韓大会で、新潟がその開催地に選ばれたのが1996年。アルビレックス新潟がJ2リーグに昇格したのが1999年。しかし、僕がサッカーを始めたのは、そんなサッカーへの機運の高まりが理由ではなく、ごくありふれたものだった。

近所に住み、僕ら兄弟が「お兄ちゃん」と慕っていた幼馴染《おさななじみ》みの存在がきっかけだった（当時、実の兄はインドアタイプで、アウトドア派の僕とは好みが違っていた）。家の近くでサッカーの練習をしていた「お兄ちゃん」が、「いっしょにやるか」と声をかけてくれて、面白半分でボールを拾ったり、蹴ったりしたのが始まりだ。

ワールドカップのことも、アルビレックス新潟のことも、Jリーグのことも、代表のこともなにも知らず、ルールさえほとんど知らなかった。ただ、他のスポーツよりも多少サッカーに興味あったというだけで、サッカークラブへの入部を決めた。

サッカー部員といっても練習は週に一度しかない。ほとんど趣味みたいなもので、練習が終われば、ワイワイいい合って解散。今思うと、レクリエーションの延長みたいな集まりだった。少し物足りなさを感じていた僕は、放課後、家の近所で壁打ちをしたり、河原にあるグラウンドでボールを蹴った。そういう時は弟の宣福といっしょだった。ふたりで壁打ちをしていた壁が壊れてしまった記憶もある。最後の一撃は宣福が蹴ったのだが、僕自身もそこへボールを蹴り続けていたから、責任を感じた。

自主練習をやっていたのは、サッカーが好きとかそういうことよりも、どうしても解決できない疑問を解きたかったからだ。

初めての勇気

「(幼馴染みの)お兄ちゃんが蹴るとボールはあんなに遠くへ飛ぶのに、どうして僕が蹴っ

たボールは飛ばないのか？」

お兄ちゃんみたいにボールを蹴りたいと思い、何度も何度も蹴るけれど、上手くいかない。監督もコーチも先輩もおらず、お兄ちゃんの蹴り方を盗むというような知恵もなかった。だから、身体の大きさがその理由という答えにもたどり着けず、ひたすら蹴るしかなかった。でも、それだけのことが案外僕には面白かった。気が向くとボールを持って出かけるようになっていた。


「マジかぁ。サッカーできないじゃん」

ある日、いつもの河川敷のグラウンドへ出かけたものの、その日は見たことのないチームがそこで練習をしていた。ボールを蹴る場所がない。しかたがないので、土手に腰を下ろして、ぼんやりとそのチームのサッカーを見ていた。

「サッカーをやりに来たのか？」

耳慣れない声が聞こえ、振り向くとそこにひとりの男性が立っていた。

「うん。でも、グラウンド空いてないから、帰ろうと思ってる」

人見知りのはずの僕は、なんのためらいも警戒心もなく、そう答える。

「サッカー、好きなのか？」と質問が続く。

「好きっていうか、結構やってるかなぁ。学校のクラブに入ってやってるから」（こんな時に「サッカーが大好き！」と無邪気にいえないのが、僕だった）

するとその男性はさらに質問を重ねた。

「うちは三条サッカースポーツ少年団というのをやっているんだけど、知ってるか？」

「知らない」

「お前どこの学校だ」

「大崎です」

「そこだったら、何人かうちの少年団にも来てるよ。松本裕って知ってるか？」

「うん。名前は知ってる」

「じゃあ、松本に聞いてみろ。もしも、サッカーが好きだったら、うちでいっしょにやろう」

そういって、その男性（少年団の指導者であることがのちにわかる）は、一枚の紙を僕に渡し、その場を去った。それは少年団の入団案内書だった。

「月謝、高いなぁ」

入団案内書を見た父の反応は、想像通りだった。自分がそれほど裕福な家の子ではないことは、10歳の僕にも理解できていた。サッカー少年団もいってしまえば習い事で、子どもに習い事をさせる余裕があるとはとても思えない。それでも父の話はそこで終わらなかった。

「お前は、本当にサッカーをやりたいのか?」

幼心に、僕の気持ちをきちんと確認したいという、父の想いが伝わってきた。

「僕にもまだわからない……明日、その少年団にいる学校の友だちに聞いてみるよ」

あの時の父の表情は今でも覚えている。その真剣なまなざしが、無邪気に答えられる話じゃない、と感じた記憶があるからだ。

「友だち」といったものの、実際は友だちとは呼べない相手だった。松本くんは別のクラスにいる子で、一度も話したことがなかったからだ。にもかかわらず、僕はなんと、次の日、松本くんのいるクラスへ向かったのだ。

「松本くんいる?」

教室の入り口にたむろしていた人間にそう声をかけた。目立ちたくないと生きてきた僕にとってはかなり思い切った行動だった。しばらくするとその松本くんが姿を見せた。

「サッカー少年団に入ってるでしょ？」「うん」「昨日ね。僕、入らないかって誘われたんだけど……」ということまで伝えたが、次の言葉が見つからない。一瞬言葉に詰まりそうになったが、間髪いれず、僕の言葉にかぶせるような勢いで「ホント？　じゃあ、いっしょにやろうよ！」と松本くんが誘ってくれた。心が跳ねる。初対面の人間が僕を誘ってくれた。しかもそこには僕の外見についての「アレコレ」が一切なかった。純粋に「サッカーやろう」といってくれていることが伝わってきたから、嬉しかった。

「楽しい？」「めっちゃ楽しいよ」「じゃあ、お父さんに聞いてみるよ」

初めて会ったというのに、会話が自然に転がっていった。

家に帰り、父に報告した。

「友だちに聞いてみたよ。僕、やってみたいって思ってる」

松本くんを友だちと呼ぶことに抵抗はなかった。

「そうか。じゃあ、やってもいい。だけど、お父さんは仕事があるし、お母さんは運転ができないから、練習や試合会場への送り迎えができないんだ。誰かやってくれる人いればいいんだけどな……」

父は残念そうな顔で答えた。僕の中で膨《ふく》らんだ期待がジワジワと萎《しぼ》んでいった。解決策

なんて、なにも思い浮かばない。とっさに脳裏をよぎったのは、ここで僕がため息をつくと、きっと両親が悲しむだろう、ということだった。

「そうだよね、うん。わかった」

努めて明るく答えた。

翌日、松本くんに事情を話すと、松本くんは名案を口にした。

「だったら、うちの車に乗ればいいじゃん。いっしょに行って帰ってくれば問題ないでしょ?」

帰宅すると松本くんの親御さんから、「気兼ねすることなく、うちの車に乗ってください。是非少年団に来てください」という電話が入り、「それではお言葉に甘えさせてください。よろしくお願いします」という父の言葉で、僕のサッカー少年団生活がスタートする。

少年団に入ったのが小学五年生というのは、僕らの世代でも遅いほうだと思う。始めるのに早いも遅いもないが、僕の場合、このタイミングを逃していたら、自分の熱はサッカーとはまったく別のことに注がれていたに違いないかった。サッカーは「好きというわけじゃないけど、やっています」という「趣味」のままで終わったはずだ。

あの日、グラウンドで「サッカーが好きか」と問われて、「好き」といえなかったのは、自分がサッカーに対して抱いている感情がまだ理解できていなかったからだと思う。プレーすることの面白さと好きという感情はまた別ものだったのかもしれない。

ただ、河原で少年団の指導者から、たくさんの選手がいることや、練習、試合の話を聞くうちに、僕の好奇心はどんどんくすぐられ、サッカーへの熱が引っ張り出された。だから、ずっと人と関わりたくなかったのに、別のクラスの松本くんに会いに行くという行動力を発揮できた。——松本くんとの出会いは運命に近かった。この日から中学三年までの長い間、いっしょにサッカーをし、フォワードの僕とボランチの松本くんは、ホットラインを築くことになる。

松本くんのご両親にはずっと送り迎えをしてもらった。僕の家と松本くんの家は車でも15分から20分くらいかかる距離にあった。松本くんのご両親の好意がなければ、僕のサッカー選手としての道は完全に閉ざされていたはずだった。その少年団で、僕はサッカーを大好きになり、今に続いているのだから、松本くん一家は大恩人だ。

それに、——どういう理由でそこにいたのか、確かめたことがないので知らないけれど——ボールを持って土手に座る僕に声をかけてくれた指導者の方にも感謝している。

他人との関わりが苦手だった僕が人を通してサッカーと出会った。そしてそれを媒介に、「ダブル」を壁としか思えなかった僕が、自分のルーツをかけがえのないモノとして認識できるようになったのだから。

当時の僕はまだ気がついていなかったけれど、今考えると、僕のサッカー人生は、松本家の人たちをはじめ、たくさんの人間によって支えられてきた。いわゆる「縁に恵まれる」ということだ。

続いて僕の扉を開く手助けをしてくれたのが、ゴーラム・レザー・アクラギィさんだった。元イランのフットサル代表だったレザーさんは当時、三条市内の強豪、レザーFSジュニアというチームの監督をしていた。中学三年生からそのチームへ移籍する僕の家と、彼の家は近所だった。送り迎えをしてくれる人は監督へと変わっていた。

転校や転居がないのに、中学三年で所属チームを変わる（移籍）というのは、あまりない話だろう。それでも僕はそれを決断した。前所属のチームメイトからは強く慰留されたが、決意は変わらなかった。もっと上手く、強くなるためには、環境を変えるべきだと悟ったからだった。それほどまでに、僕はサッカーに熱中するようになっていたわけだ。

「県選抜」セレクション不合格のわけ

少年団での話をもう少し続ける。

三条サッカースポーツ少年団に加入した僕は、インサイドキックといった基礎練習から始めた。スタートが遅いぶん、技術力はチームメイトと比べたら劣っていたけれど、足の速さは、チームの中でも指折りだった。その持ち前のスピードを活かして、――技術はなくとも――フォワードとして試合で活躍することができた。ディフェンスラインの裏ばかりを狙っているフォワードだった。

そんな僕に絶妙なパスを供給してくれたのが、松本くんだった。

僕らは揃って、地元の大崎中学へ進学し、サッカー部に入った。当時県央地域（新潟県中央地域の三条市、燕市、加茂市などを中心としたエリア）には中学生がプレーするクラブチームがほとんどなく、部活でサッカーを続けるのが自然な流れだったし、松本くんとともにプレーを続けることもまた、当然の流れだと思っていた。

僕が他の人とちょっと違ったのは、Ｊリーグはおろか日本代表や海外サッカーに対してもほとんど関心がなかったことだ。憧れの選手もいなかった。どうすれば上手く裏を抜けられるのか、ゴールを決められるかは、独学で身につけた。誰かを真似るほど選手のことを知らなかったのもあるが、自分のことにしか興味がなかったのだろう。テクニックを紹介したサッカー雑誌を穴が開くほど読み込んだ。

ゴールを決めることが気持ち良く、サッカーがどんどん好きになっていく。三条市内では有名なゴールゲッターとなった僕は、県央選抜チームにも選ばれていた。

「次に目指すのは県選抜だ」

どんどん上を目指したい、という感覚が強く芽生え始めた。

県内にあるいくつかの地域選抜チームに選ばれた選手の中から、コーチの推薦などをへて選ばれた選手が県選抜チームへのセクションを受けることができた。中学一年生の時点で、そのセレクションを受ける許可をもらえていた僕の自信は漲《みなぎ》っていた。

「高徳、県選抜のセレクション、もう終わったんだな」

ある日、父が、一通の封筒を手にしていった。

「セレクション？　終わってないよ。僕受けてないもん」

「おかしいな。さっき、不合格通知が届いたんだけど」

「えぇっ!? どういうこと？　なんでテストも受けていないのに、不合格なの？　テスト終わっちゃたの？　なんで教えてくれなかったんだよ！」

もうその時点で僕の声は涙声に変わっていた。

「お前、セレクションがいつか知ってるか？」

「いつって……、それが書いた紙あったじゃん。父さんに渡したでしょ？」

「父さんは預かってないよ。お前、なくしたんじゃないのか？」

「僕はなくしてないよ。父さんがなくしたんだよ！」

僕は止まらない涙を気にすることなく、怒りを父にぶつけた。受験をしなかったら、不合格になるのは当然だ。

「自分のミスを他人に押しつけるな！」

最初は優しい言葉で対応してくれていた父だったが、僕がいつまでも父に怒りをぶつけ続けるから、最後は一喝するしかなかった。

この書類紛失事件が僕の「県選抜」への想いに拍車をかける。「次こそは必ず、受かってやる」と（実際は「次こそは必ずセレクションへ行く」が正しいのだけれど）。

土手から聞こえた父親の怒号

1年後、中学二年生になってようやく、僕は県選抜チームに選ばれることになった。意気揚々とトレーニングに向かったが、ここで昔の悪い癖が出始めていた。「ダブル」の壁だ。

正確にいえば、サッカーを始めてからも、その壁にぶつかることは幾度となくあった。ただ、重ねた年齢とサッカーとの出会いが、壁を意識する時間を減らしてくれていた。

「ダブル」の壁は、初めて人と会う、なにかをする、といった時によく顔を出した。また「外人」だ「ハーフ」だといわれて嘲笑されるかもしれない――。

だから県選抜のトレーニング初日も、誰より早く練習場所へ行った。あとから自分がそこへ入って行くよりも、チームメイトを迎え入れるほうが、まだ目立たないんじゃないか、と考えたからだ。ただそれもあまり効果はなかった。

「こんにちは」「こんにちは」「あれ？　ハーフなの？」「そうだよ」

いつも県選抜に選ばれている「常連選手」たちが、新入り選手を品定めするようなそんな会話が続いた。

そう簡単に受け入れられるわけもない。

あとから練習場にやってきた選手の「あれ、外人いたっけ？」とささやくような声も聞こえていた。

「ダブル」はまさに壁となって僕の前に立ちはだかっていた。

練習が始まる前のこと。選手たちはいくつかのグループに分かれて、ボールと戯《たわむ》れていた。僕と同じく初めて選ばれた選手で、知り合いがいない子たちも自然とその輪に加わっている。でも、僕にはそれができなかった。僕はひとりでボールを蹴っていた。

人見知りで、恥ずかしがり屋。こういうシチュエーションには慣れている、そういい聞かせていたし、実際慣れていたと思う。

そんな気持ちに拍車をかけるような、驚きの一言が聞こえたのはこの直後だった。

「高徳〜!!　お前もみんなといっしょにボールを蹴れよ！」

「そんなんじゃ、受かるものも受からないだろう！」

河川敷にあるグラウンドに向かい、土手に座った男性の大きな声が響き渡る。

「あの叫んでるおっさん、誰だよ」

ボールを蹴るのをやめて、グラウンドにいた選手たちが一斉に土手を見上げた。

そして、声がするほうへと視線を移した僕は、思わずはき捨てた。

「マジかよ」

父だった。この日はたまたま仕事が休みで、車で送ってくれたのだ。

「どうして、ひとりなんだ。みんなとやらなきゃダメだろう」

父が叫び続ける。だから、僕は「いいんだよこれで」といい返したが、それでも父が納得するわけもない。「いいわけないだろう！」と声が聞こえる。

「あのさ、いっしょにやろうよ。お前の父さん、めっちゃ怒ってるじゃん」

最後には、気を使ったチームメイトが誘ってくれた。


帰りの車の中でも父は怒っていた。

「仲間とコミュニケーションをとれない人間が、これから先もサッカーを続けられると思うなよ」

そんな父の言葉は間違ってはいない。コミュニケーションは非常に大事なことだ。でも、この時の僕はただただ恥ずかしいだけだった。

人生においてあんなに恥ずかしい気持ちになったのは初めてだったから、アドバイスのありがたさよりも、「なんでみんなの前で叫ぶんだよ、マジ勘弁してくれよ」といった若者特有の「想い」のほうが強かった。

中学生だった当時、思春期にはたまらない愛情表現だった。

親の気持ちは自分が親になった今、痛いほどわかる。父がああやって大声を出してくれたおかげで、チームの輪に入れたことも事実だ。

父からしてみれば、子どもの頃からひとりで遊んでばかりいた僕が、サッカーというチームスポーツの中で力を発揮できているか、心配だったのかもしれない。そして、最初のセレクションで、その開催日を書いた紙をなくし、不合格通知が届いた時に大泣きした僕のサッカーに賭ける気持ちを知っているからこそのアドバイスだったに違いない。

「送り迎えはできないよ」

サッカーを始めた時、そういった父は、その言葉通り、仕事が忙しく、僕の試合を見に来ることもなかった。しかし、サッカーに対して厳しい父だったことは間違いない。

練習や試合で上手くいかなかったり、負けてしまった時、帰宅後に僕が「僕は下手クソすぎる」とか、「上手い選手がたくさんいて、今日は全然ダメだった」とか、ネガティブ

なことを口にすると、決まってこういわれた。

「じゃあ、サッカーやめるのか？　いつでもやめてくれていいんだぞ。お前がサッカーをやめてくれたら、うちの家計は助かるからな」

　そんなふうにいわれたら「絶対やめないよ、俺は」という想いが募った。

　たまに試合を見に来ても「お前はまったくダメだな」とダメ出しばかり。「だって……」と言い訳をすれば、こう返される。

「そんなふうに愚痴ばかりこぼして、言い訳をしたり、仲間のせいにするくらいなら、サッカーやめてしまえ」

「やめないよ。次は絶対、ゴールを決めてやるから」

　そんな親子喧嘩が日常茶飯事だった。

「いつか必ず、父さんに『今日の高徳は最高だった』といわせてやる」と僕はずっとそう考えていたから、ここまでずっとサッカーを続けられたのかもしれない。父のダメ出しは僕のモチベーションを刺激していた。

　そして、プロになった今では、「今日は相手が上だったなぁ」とか、悔しがる僕を励ますような言葉を父はかけてくれる。

恥ずかしさを覚えるほどのレベルの差

楽しみだった県選抜がどうなったかというと、はっきりいってなにもできなかった。県央選抜ではそれなりに活躍し、注目も集め、自信が芽生えてもいた。しかし、そんなものは一瞬で粉々に砕かれた。他の選手の上手さに打ちのめされたのだ。

その後、僕ら大崎中は中学二年生の新人戦で、三条市大会で優勝した。しかし、県大会へ行けば、やっぱりなにもさせてはもらえなかった。

市では通用したし、勝てた。でも、県では勝てない。チームでもボコボコにやられて、個人でも差を見せつけられる。そんな現実は悔しかったし、恥ずかしかった。

レベルの高い選手が集まる場所に、僕のような下手な選手が選ばれていること自体が、恥ずかしい。県選抜で活躍できる、そこを目指すといっていた自分もまた恥ずかしかった。彼らと同じ土俵に立てるほどの力を持ってはいなかったのだから。

そんな絶望によって、また違った感情も沸き起された。「このままでは終われない」「もっと上手くなりたい」という向上心が生まれ、同時に「負けたくない」といういわゆる「負

けず嫌い」の性格に火がついた。

そんな想いが宿るほど、僕はサッカーが好きになっていたんだと思う。悔しさを感じるのは、自信があるからだ。恥ずかしいというのもまた、現状を認めたくないという気持ちの表れだろう。もしも、サッカーに執着していなくて、プライドもなく、諦められるなら、悔しくもないだろうし、恥ずかしくもなかったに違いない。

環境を変えるべきかもしれない。そんな想いが自分を支配し始めていた。


ちょうどその頃、レザーFSジュニアからオファーが届いた。市や県央選抜チームには何人もレザーFSの選手が選ばれていたし、実際彼らは上手かった。レザーFSをやめて、大崎中学のサッカー部に加入したチームメイトもレザーFSのレベルの高さを口にしていた。そんな彼と入れ替わるように僕は、レザーFSへと所属先を変えた。

レザーFSは決まったグラウンド施設がなかった。グラウンドでの練習は週に一度ほどで、あとは体育館で練習が行われていた。もともと、新潟の冬は雪が多く、冬になれば、室内練習をするしかない。体育館でサッカーはできない。物理的に不可能だ。だから、いつもそれはフットサルになった。

強豪だといっても、それは三条市内、県央レベルでの話だから、サッカーにおいては僕でも十分にやっていけた。しかし、体育館でのフットサル練習ではそう簡単にはいかない。先にも書いたように、ディフェンスラインの裏を抜けることを一番に考えてプレーし、ゴールを決めてきた僕にとって、狭いフットサルコートでは裏を抜けることはできないし、より高い技術力を求められたからだ。

ボールの扱い方（技術力）と味方の使い方（発想力と展開力）、そしてプレーすることの楽しさを重要視するレザーの指導方針も僕に好影響をもたらした。上手くなれば、余裕が生まれ発想力も自然と広がっていくことを知った。味方を使い、いかにボールを運ぶかだけでなく、自身の足技で相手を抜いたり、いろいろなことにチャレンジできる。そして、そんな選手の発想力をしばらない環境でもあった。

「もっとこうしたほうがいい」というようなアドバイスはあるけれど、もっとも大切にされていたのが「サッカーは楽しくやらなくちゃダメだよ」ということ。それはただ自由さだけを与えてくれる指導ではなく、自分で考えるということも促してくれた。やりたいことをやりたいようにやらせてくれるからこそ、選手は「なにをやるべきか」の選択をしなければならない。上手くいけば自信になるが、失敗すれば、悔しい。今度こそはと練習を繰り返し、どうすればいいかとさらに考えた。

敵を観察し、味方を見て、最善策を模索する。

サッカーにはそういうことを積み重ねていく楽しさがあることを知り、僕はわずかな期間で自身が変わっているのを実感していた。技術力が向上しただけでなく、いろいろチャレンジができたことで、「裏抜け」一辺倒だったプレーも幅が広がった。

合格通知が用意する次のステップ

まったく通用しないと恥じる気持ちまで植え付けられた衝撃を受けた新潟県選抜だったが、そんな僕の気持ちとは裏腹に、僕は順調にステップアップをしていった。県選抜のセレクションに合格しただけでなく、その後北信越地域選抜のトレーニングにも新潟県代表として参加。そして今度は、北信越地域選抜として、ナショナルトレセン（全国選抜トレーニング）にも駒を進めたのだ。

このステップアップは歓迎すべきものだった。活動範囲が拡がるたびに「こいつスゲーな」という選手たちに衝撃を受けることになる。北信越選抜には、富山の怪物といわれるほどの選手もいたが、敵わない、無理だと思うこともなく、負けたくない、という想いがどんどん積み上がっていく。

その先になにがあるのかわからないけれど、「ここで活躍すれば、地域代表に選ばれる」という目の前の目標に食らいつけるだ。合格すれば、「次はここへ行くんだよ」と新たなステージが用意されているという感覚だ。とはいえ上には上がある。だから、きっと合格しないだろうと、合宿が終わるたびに軽い落胆を味わってもいた。

しかし、自宅には次々と合格通知が届く。不合格通知に泣いた日が嘘のようだった。「たまたまだろう」と口では厳しい言葉を発しながらも、嬉しそうな父を見て、僕の喜びはさらに増した。

そして、２００６年３月。

初めて、ナショナルトレセンに参加した。北海道、東北、関東、東海、関西、九州、そして僕ら北信越と、全国各地の地域から選りすぐりの選手たちが集まっていた。のちにロンドンオリンピック代表や日本代表でもチームメイトとなる宇佐美貴史（関西）、原口元気（関東）などは注目の的で、宇佐美は当時からすでに「神の子」と呼ばれていた。

そんな相手と戦える。自然とテンションは高まる。

関東や関西など、都会の選手はみな、自信に満ち溢れている。地域対抗での試合が行われたが、試合をする前からこちらを「舐《な》めている」ことが伝わってくる（それは宇佐美や原口が、ということではない）。

「どこから来たの？」「北信越地域」「北信越地域って何県が入っているの？」

さして関心がなさそうに会話する彼らの様子を目にして、僕らの団結力が強くなる。都会の選手たちは、いわゆる個の能力が高く「俺が」という意識が強い。そこで劣る僕らはより組織力で勝負するしかなかった。そして、それが結果を生む。

「北信越を舐めるなよ」という感じだ。

僕らは冬になれば、雪のために外でトレーニングができない。一年中グラウンドでボールを蹴ることができる都会の選手が羨ましかった。だからこそ負けるのが嫌だった。

北信越地域チームは関西や関東と対戦しても、引けを取ることはなかった。そして20分ハーフの試合で、僕はハットトリックすることができた。

その試合を見ていた日本サッカー協会の池内豊さん（のちにU－15、U－16、U－17日本代表監督）が興味を持ってくれたことが縁で、U－15日本代表としてイタリア遠征へ参加することになった。

イタリアでは、フランコ・ガッリーニ国際大会に出場。イタリアをはじめ、アメリカ、オーストリア、オランダなどのクラブチームと対戦し、僕らは優勝している。僕は準決勝で1得点を決めた。ユヴェントスU-15との決勝戦では、田口泰士が2得点をあげて勝利した。


この遠征メンバーの発表時、ちょっとした問題があった。

僕のパスポートが出生地アメリカのままだったのだ。2歳でアメリカから帰国後、パスポートの変更機会もないまま、いきなり日本代表に選ばれた。日本代表になるなんて、夢にも思わなかったし、実際、僕はそんな夢を描いていたわけでもなかった。

幸い公式戦ではなかったこともあり、そのままのパスポートでイタリア遠征に参加することができた。

とはいえ、この時の僕にとって「日本代表」は、今の自分の中にあるような大きな存在ではなかった。まったくといっていいほど。


いくつものセレクションを受け、合格通知を手にすることでステップアップしてきたの

だから、その最高レベルともいえる「日本代表」を大きな目標や夢と捉えるのは当然なのかもしれない。けれど僕にとって「日本代表」はまだ、目標でも夢でもなかった。正直にこの時の想いを告白すれば、日本代表がなにかすら、理解していなかった。「日本代表」といわれて思い出すのは、2002年ワールドカップ日韓大会をテレビで見ていた時、鈴木隆行さんのゴールに父が大喜びしていたことくらい。でも、それが「国を代表する選手たちが戦っている」ことを僕は知らなかった。

だから、「U-15であっても日本を代表してイタリアへ来たんだ」という実感は他の選手に比べれば薄いものだった。A代表と同じユニフォームを着ているという喜びを感じるのではなく、セレクションに勝ち残ったことだけで十分すぎる喜びだったし、イタリア遠征はそのご褒美《ほうび》のように感じていた。

実際、代表遠征ではご褒美のようにいいこともあった。オランダのクラブチームとの試合で、ゴールを決めたのだ。

その後、オランダ人スカウトから「海外でプレーすることに興味はあるか?」という話もあった。「学校の先生かクラブの先生、代理人と話したい」といわれたが、僕はすぐさま断った。書いてきたように「代表はご褒美」のような感覚だったし、目の前のステップをひとつずつ登ること——それは悔しさや恥ずかしさを晴らすことでもある——がすべてだった僕にとって、残念ながらこのような話も「？？？」といった感じだったのだ。

世界、海外でサッカーをするイメージすら持てなかったし、そんな未来を夢想することもなかった。

当時の多くの中学生はそんなものだったんじゃないかな、と思うこともあるし、すごく意識が高い同級生もいたから、どっちがいい、というわけじゃない。ただ僕は、前者で、加えて自分は身の回りにある戦いで精いっぱいだったのだと思う。

コンプレックスから解放してくれる場所

精いっぱい。それはダブルを「壁」として捉えてしまったことと、サッカーを続けることでかける家庭への負担にあった。

「ダブルの壁」

県選抜、地域選抜、ナショナルトレセンとステップアップしてもまだ、「ハーフ」というコンプレックスは消えなかった。

「うちのグループに外人いたっけ？」

「リストには日本人の名前しかなかったよ」

「名前なんていうの？」

「ボブとかマイケルじゃない？」

初めて会う人たちとサッカーをすると、そういう会話が自然と耳に入ってくる。特に後ろから聞こえてくると、一瞬で落胆した。新しい環境、新しい対戦相手と出会えば、いつものことだとわかっていても、傷ついた。いっそ、もっと外国人っぽい名前、カタカナの名前だったら良かったのにと、思うこともあった。そうすれば、リストを見た瞬間から理解してもらえただろうから。

そんなふうに自分のルーツや名前に恥ずかしさを覚えるのは、自分が弱いからだ。弱さが恥ずかしさを生み、そして、感情的になり、試合中には相手との口喧嘩が絶えなかった。

「What your name?」「ボブ、グッバイ」……。

対戦相手の選手が僕を挑発するように口にする言葉は、幼稚園の頃から変わらない幼稚なものばかり。「うるせー、黙ってろ」と言い返すとさらに「ポール、なに怒ってんの？」と応酬された。そんな相手に負けるわけにはいかない。

ドリブルで抜ければ、「デカい口叩いてんじゃねーよ。大したことねーじゃん」とここぞとばかりに睨みつけた。今度は僕が相手を挑発することになる。結果的に相手の嘲笑が僕にとっての発奮材料にはなったが、傷つけられた感覚は深く僕の中に残っていた。

それが、代表に選ばれて世界と戦うようになって、変わり始めた。

実際、国際試合は楽しかった。県選抜でドイツ遠征を経験したこともあり、「海外での試合は楽しい」という感覚は持っていたけれど、回数を重ねるごとにそれは増した。リッカーの新しい発見として、そしてコンプレックスを払拭する場として、国際経験が僕に与えてくれたものは計り知れない。

同年代の日本人選手の中でも小柄だった僕は、外国人選手たちの大きさに驚いた。最初は「こんな大きな選手とやるのか」と思ったが、マッチアップするだけで、「いける」という手ごたえがあった。彼らにとって、僕の持つすばしっこさやアジリティが厄介だということに気づいた。

相手と距離をとって守る日本の守備とは違いマンツーマンディフェンスが主体で、ボールホルダーに対して、まず身体を寄せる、詰めるというのが彼らの守備セオリーだ。だか

ら、逆にそれをかわせば、大きなスペースとチャンスを手にできる。キックフェイントで面白いように抜けたのだ。

　世界は僕に新しいサッカーを教えてくれた。


　そして、コンプレックスだった「ハーフ」――「ダブルの壁」から解放される場所が海外だった。相手チームはいろんな人種の選手で構成され、金髪の僕に対して、特別視することも当然なかった。見た目で口論を吹っ掛けられることもない。海外では日本でプレーする時に感じる「恥ずかしさ」を持つことなくプレーできた。当時は意識することはなかったけれど、それが海外での楽しさに繋がっていたのかもしれないと、今は思う。

　代表に選ばれた時のことも思い出される。

「今度、酒井くんは日本代表として、イタリアへ遠征することになりました」

　遠征が決まった時、クラスメートの前で先生が報告してくれた。正直、当時の僕は「イヤイヤ、なにもいわなくていいから」という気持ちだった。目立つことを嫌って生きてきた僕は、「ありがた迷惑だよ」と思わずにはいられなかったからだ。

　しかし、上のステージへ進むにつれて、学校生活でも、サッカー選手として認識されていく感覚があった。

「あの選手はどういうヤツなんだ？」

「なにをしにイタリアへ行くの？」

話すきっかけを作るのが下手な僕にとって、そういう質問は大歓迎だった。質問されるだけで、嬉しくてたまらなかった。「ハーフ」であることや、外見で周囲の興味を引くだけの存在だった僕が、それ以外の理由で興味を持ってもらえる。酒井高徳という人間を見てもらえるようになったんだなという実感が生まれた。サッカーという自己表現の手段を身につけたことで、僕は自信を得られたのだろう。そして、それはコンプレックスを打ち消す武器になった。

余談だけど、中学の卒業時にはクラスメートから「将来ビッグになりそうな人」ランキング一位に選んでもらった。

友人にスパイクのお古をもらい続けた

レザーFSに加入してからの約1年の間に、ナショナルトレセンにまでステップアップ

した。そういう結果を望んだわけでもなく、ただ下手な自分が嫌だったから選んだ移籍が自分の未来を切り開くことに繋がった。けれど、僕にはサッカー選手としてのビジョンはなにもなかった。繰り返しになるけれど、僕には先が見えていなかったからだ。プロサッカー選手という職業にどうすれば就けるのかを知ったのも、中学三年の頃だった。

地元にはアルビレックス新潟というJリーグのプロクラブがあったが、Jリーグでプレーすればお金が稼げるとか、サッカーが仕事になるということもわかっていなかった。子どもの頃、何度かビッグスワンにアルビの試合を見に行った。大きなスタジアムでプレーする選手たちは気持ち良さそうだったが「どうやったらあんなに遠くへボールを蹴ることができるのか？」という感想のほうが強かった。とにかく、幼い頃から自分のこと、今の現実に対処することに精いっぱいで、夢すら持っていなかった。

目標に引っ張られるのではなく、立ちはだかった現実が僕のやる気を促した。

ハーフであること。北信越地域という地方出身であること。冬の間は外でトレーニングできない豪雪エリアだから、他の地域の選手に比べたら練習量が少ないということ。サッカーが全然上手くないということ。

僕が抱えたコンプレックスは数限りない。それらが恥ずかしくてたまらなかった。でも、だからこそ思った。「負けたくない」と。嘲笑する人間やライバルとなるだろう相手に、「絶対に負けないためにも、現実を受け入れてやるしかないんだ」と開き直れた。腹立たしさや怒りが原動力になった。同時に、他人の目や存在に脅かされない「自分自身」を鍛えることにもなった。「自分のことで精いっぱい」というのは、そんな感覚でもある。

そうやって足元だけを見ながら、コツコツと時間を重ねて行った結果、地元で一番といわれるチームの一員になるチャンスが訪れた。

「高徳、アルビレックス新潟ユースへ行かないか？」

中学卒業後の進路について、考えなくちゃいけないなとなった時、レザーさんがそう提案してくれた。レザーFSには高校のチームはなかった。同時にユースチームでプレーして、認められたら、プロ契約を結び、サッカーが仕事になることを知った。その時まで宇佐美が所属しているガンバ大阪ジュニアユースがガンバ大阪の下部組織であることも知らなかったし、そもそもガンバ大阪がJリーグのクラブだということも知らなかった。

本当になにも知らない中学生だった。

セレクションを受けて、アルビレックス新潟ユース入りが決まると、ユースの練習に参

加させてもらえることになった。中学校の授業が終わると三条から列車で新潟へ向かい、バスに乗って、新潟県聖籠町《せいろうまち》にある練習場へ行った。練習が終わり、帰宅すると23時を回っている。そんな毎日を過ごした。夜遅くまでサッカーに時間を費やしたが、それでも受験を前に頑張っている同級生とは違い呑気なものだった。ユースに入ると、単位制の開志学園高等学校に在籍することになっていたので、受験勉強からも解放されたからだ。

しかし、もうひとつの精いっぱい、家庭への負担が限界に近づいた。

ユースに入れば、寮で暮らし、親元を離れなければならない。しかし、その寂しさを上回る楽しさがアルビレックス新潟ユースにはあった。一日二度の練習があり、その合間に勉強もできる。まさにサッカー漬けの毎日を送れるなんて、夢みたいな話だった。

「絶対に行きたい」と父にも伝えた。

しかし、両親は苦悩していた。

うちは裕福な家庭ではない。だから、私立の開志学園の授業料などを支払うのは大きな負担だったのだ。

「お前がサッカーを頑張ってきたのはわかっているし、それは俺たちにとっても喜びだった。だけど、アルビレックス新潟ユースへ入って、開志学園に通わせることは難しい。思った以上にお金が必要だから、もしかしたら、諦めてもらわなくちゃいけないかもしれない」

こんなこと、両親もいいたくはなかっただろう。それが中学生の僕にもわかった。できる限りの笑顔を返したつもりだ。

「いいよ。サッカーはアルビに行かなくても続けられるし、お兄ちゃんのようにお金のかからない公立高校へ行けばいい。僕は勉強ができないわけじゃないし、今からでも入れる高校もあるから。気にしなくてもいいよ」

つとめて平然を装い、答えた。

夜、布団に入ってから、涙が溢《あふ》れた。

自分の家の財政状況が他の家とは違うことは、子どもなりに理解していた。だから、リッカーにかかる費用もできるだけ抑えたいと自然に考えるようになっていた。サッカー雑誌でスパイクの広告を眺めるのが好きだった僕には、ほしいスパイクがたくさんあった。でも、一度も両親にそれをいったことはない。僕がスパイクをほしいといえば、「買ってあげられない」と両親は苦しい想いをするに違いないことがわかっていたからだ。できないことを、ないものをねだってもしかたがない。

チームメイトが新しいスパイクを買うと、古いスパイクを譲ってもらった。多少サイズ

が合わなくても気にしなかったし、スパイクをもらうことを恥ずかしいとも思わなかった。

そんな僕に父が、誕生日プレゼントとしてスパイクを買おうといってくれた。確か中学二年の時だ。

「いや、いいよ、いらないよ。どうせ、すぐ壊れちゃうしさ」と僕はそっけなく答えた。

しかし、父は絶対に買うといって譲らない。

「わかった。じゃあこれを買って」

遠慮していらないといいながらも、ほしいスパイクは決まっていた。大事に履いていたけれど、もともと芝生で使用するために作られた上質な革のスパイクだから、土のグラウンドで使えばすぐに穴が開いた。それでもずっと履いた。「危ないからやめなさい」と指導者に止められるまで履き続けた。

トレセンやセレクションにも穴の空いたスパイクで出かけた。周りには数万円もしそうなスパイクを履いている選手もいたけれど、スパイクなんてなんでも良かった。

「まだ履けそうだから、僕にくれない？」

そういってチームメイトに譲ってもらったスパイクで十分だった。

お金のないことを気にもしてこなかった僕だったが、アルビレックス新潟ユースへ行けないという現実に直面した時、涙が止まらなかった。泣いたことを両親に悟られないようにしていたけれど、両親は両親で、なんとかしてやりたいと思ってくれたのだろう。父はいろんな関係者や知人に相談に出かけてくれた。そして、ようやく奨学金を受けられることになり、足りないぶんを工面してくれた結果、僕は晴れてアルビレックス新潟ユースの一員となった。

絶対プロになって、両親にお金を返す。

それが僕にとってのプロサッカー選手になるためのモチベーションだった。高校の授業料だけでなく、そこに至るまでもクラブの月謝や遠征費など、僕がサッカーを続けるため両親には苦労をかけてきた。その恩に報いたかった。両親は僕の才能ではなく、「サッカーが好きだ」という気持ちに賭けてくれたんだと思う。その想いが間違っていなかったと証明するためにも、僕はプロサッカー選手にならなければならない。

「父さんがサッカーをやらせてくれたから、こうやって僕はサッカーを仕事にして、お金を稼げるようになった」

そういえる場所に立ちたかった。もし、アルビレックス新潟でトップチームに昇格でき

なかったとしても、どこかのクラブで絶対にプロになるんだと誓った。

ずっと目の前のこと、自分のことしか考えてこなかった僕が、自分以外に気を配れるようになった。そして、初めて目標、夢を持てた。自分の未来を描いた。日本代表になりたいという想い以上に、プロになることが一番重要だった。

僕はまるで修学旅行へ行くような気軽さと興奮で、その日三条を旅立った。それが三条との別れになるなんて、真剣に考えていなかったことは確かだ。

第2章

chapter 2

視界

質問魔と化し、真似をし続ける

アルビレックス新潟のトレーニング施設は、新潟駅から20キロほど離れた場所にある新潟聖籠スポーツセンター アルビレッジだ。トップチームのクラブハウスと同じ敷地内にユースチームのグラウンドや寮があり、高校生にとっては非常に恵まれた環境だった。ただ、最寄りの列車の駅までは6キロ以上離れているので、自動車を運転できない高校生にとっては自転車だけが頼りだった。

それでも、単位制の高校には毎日通う必要もなく、食事も施設内でとれるし、サッカーに集中できる環境が嬉しかった。

一年生ながら、U-15日本代表にも選ばれていた僕は、すぐに出場機会を得られた。ひとつレベルの上がった場所で僕は、「質問魔」になった。

とにかく疑問に思ったことはなんでも聞いた。最初に僕の師匠となったのが、ひとつ上の長谷部彩翔《あやと》くんだった。年代別の日本代表で活躍していた長谷部くんを、僕は無条件で尊敬した。初めて憧れた選手だった。当時のチームの中では断トツに上手かったし、トップ昇格間違いないともいわれていた。この人のようにやっていれば、自分もトップ昇格ができる、彩翔くんみたいになりたいと心底思っていた。だからずっと彼のそばを離れなかったといっても過言ではない。

「代表の××選手はどんな選手ですか?」

「この間の合宿はどんな感じだったんですか?」

「ああいう時はなにを考えてプレーしているんですか?」

「面倒くせぇなぁ。なんにも考えてないよ」といいながらも彩翔くんは、答えてくれたし、居残り練習にもつきあってくれた。

技術はもちろんボールタッチ、パスの出しどころ、タイミング、動きの質、プレーの発想……なにからなにまで真似をしようとした。

中学時代は自分のことだけしか見ていなかった僕の視野が広がり、ただ頑張る、ただ努力するだけではなくて、「どうやって頑張るのか?」「どんな努力が必要か」というふうに柔らかい思考になった。

「昨日、彩翔くんは、こういう場面で、あんなふうにプレーしていたな」と思い出し、やってみる。彩翔くんは、「プロになる」と決めた僕にとっての指標だった。まずは彩翔くん

に追いつかなくちゃいけないと必死だった。

身近に「なりたい自分」がいると、自分の成長や足りない部分をより明確に感じることができる。純粋に「すごいな」と思える目標がチームにいたことは僕にとって幸運だった。彩翔くん本人にとってはありがた迷惑だったかもしれない。彼だって自分のことで精いっぱいだったはずだ。それでも僕にはU-17代表に入った彩翔くんは最高にすごい存在だったから、いつも高いテンションで「彩翔くんすごいよねぇ」とその後ろをついて回っていた。鬱陶しいと思ったかもしれないけれど、彩翔くんは、舎弟のような僕をかわいがってくれた。

「彩翔くん、トップ昇格すごいですね。僕も、絶対来年行きますから」

三年になり、トップチームに入ることが決まった彩翔くんに僕はそう誓った。

サイドバック転向の理由

サッカーを始めてからずっと、フォワードとしてゴールを決めることに喜びを感じながら戦ってきた僕にとって、ユースに入ると新たな試練が待っていた。

「高徳、お前、サイドでプレーしてみてくれ」
サイドにコンバートされたのだ。サイドといえばゴールからは遠いだけでなく、何度も何度も上下運動を繰り返さなければならない。しかも、自分の主戦場は、ピッチのサイド、端っこだ。しかし、当時、世界のサッカー界ではサイドバックやウィングバックなど、サイドの選手にフォーカスが当たり始めていた。上下を走り続ける運動量豊富な選手が求められるようになった。

そういうこともあり、僕のコンバートは早くから決まっていたようだ。

確かに中央でプレーするよりは、相手からのプレッシャーも薄く、攻めに出る状況では楽しかった。ドリブルで仕掛けたり、フェイントで相手をかわすといったフォワード時代に培《つちか》ったものを活かせる場面も多かったからだ。

しかし、敵ボールになった瞬間、自陣に戻らなければならない。増えた守備負担が嫌だった。

「戻らなくちゃいけないのか。でも攻撃になったら、また走って出ていかなくちゃいけないのに」

そんなふうに試合中にテンションが下がってしまうこともあった。ただただ自分の楽しさだけを追求してきたサッカー小僧だった僕は、チームという組織の一員、一枚の歯車と

しての務めを意識せざるを得なくなる（とはいえ、高校生なりのまだまだ甘い覚悟でしかなかったけれど）。

これは大きな変化だった。自分がやりたいことをやっているだけで勝てるほど、サッカーは甘くない。それは、自分が成長できないことと同義だ。チームの一員として求められるプレーをし、最大限のパフォーマンスを発揮すること、全力を尽くすことこそが自分のためにもなるからだ。

自分が置かれた場所で与えられた仕事を続けていくうちに、最初は嫌だったサイドというポジションが、だんだん面白くなっていくから不思議なものだ。「ダブルの壁」にぶち当たりながら、現実を受け入れるという僕の習性が活きたのかもしれない。

「次はどうやって相手を止めてやろうか？」

「味方を上手く使って攻撃するにはどんな形が効果的か？」

次々とポジティブな思考が生まれていった。

ユースに入ってからも、相手の選手からは相変わらず「外人いるよ〜」というような目で見られていたと思う。ただ、昔のように口喧嘩をすることはなくなっていた。

「馬鹿にされるのは、今のうちだけ。試合が始まればサッカーで見返してやる」

スピードだけでなく、身体能力の高さが自分の武器だという自信を持っていたので、変なことをいうヤツとの1対1では、身体を張って、相手をぶっ飛ばした。なにをいわれてもいいけれど、自分よりも弱いヤツにはいわせたくなかった。

僕よりも上手い選手はたくさんいた。技術的な面だけでは彼らに勝つことはできない。その悔しさはずっと持ち続けていたし、もっと上手くなりたいという気持ちは常にあった。身体の強さを褒《ほ》められても、「僕はもっとテクニックがほしい」と思った。

しかし、同時にないものねだりをしていても、競争には生き残れないということを感じてもいた。監督やコーチから評価してもらえる部分は、スピードや身体の強さ、スタミナだった。それは他の誰もが持っていない僕だけの「特別」な力だと思える。ならば、その力をさらに伸ばそうと考えたのは、自分がこの世界で生き抜くため。試合に出たいからだった。それが強さだと。

90分間走り続け「あいつ、まだ走るのか」と思われる選手になりたいと考えた。

ユースというレベルの高い場所で、サイドバックに転向したことは、プロとして生きるために必要な「考える」ことの大切さを知るきっかけを与えてくれた。

見て学んで、実践して、失敗して、聞いて

高校生ながら、トップチームのサテライトリーグ（2軍）の試合や練習試合などへの出場機会もあった。当時鹿島アントラーズに所属していた興梠《こうろき》慎三さんや明治大学時代の長友佑都さんとも対戦した。まだJリーグのレギュラーではなかったけれど、上には上があるということを思い知るいい機会だった。

高校三年生になると、2種登録選手として、高校生ながらトップチームに所属した（2種登録選手は、18歳以下のチームに所属しながら、1種であるJリーグの公式戦に出場できる選手のこと。従来、日本では選手はひとつのチームでしか選手登録ができない）。

僕が通う高校は通信制だったので、午前中に行われるトップの練習にはほとんどすべて参加できる。毎日が緊張の連続だった。ユースに加入した直後の高校一年生の時にシーズン前のキャンプに参加していたし、その後もトップチームで何度も練習させてもらっている。けれど、2種とはいえ、トップチームに所属している選手なのだから、周りの目も変わり、厳しい要求もある。同時にプレースピード、パススピード、シンキングスピードな

どあらゆるスピードが高校生とは違う。単純に「上手いなぁ」「すごいなぁ」という言葉では片づかないほどの違いがあった。先輩選手たちの邪魔をしちゃいけない。僕のミスで練習を止めてはいけない……そういうプレッシャーを感じながらの毎日だ。

そんな僕にとっての最初の理想のサイドバックが、右の内田潤さんだった。僕ら後輩から見ると、無口な内田さんは怖いイメージが強かったが、僕は内田さんのプレーから目が離せなくなった。ひとつひとつのプレーに感嘆するばかり。とにかく、人（味方）を使うことや相手のサイドハーフとの駆け引きが上手かった。当時左サイドでプレーしていた僕は、紅白戦では内田さんと対面でマッチアップするのだが、僕の前にいる選手が内田さんに翻弄されたり、封じ込められてしまう。だから、僕は必死でプレーするだけで、内田さんのプレーを盗む余裕もなかった。そうなると自然と練習の時から、「内田さんはどんなふうにプレーしているのか」と見て盗むようになった。

見て学んで、実践して、失敗して、聞いて。その繰り返しだ。それはプロになってからも続くことになる。

選手にはそれぞれ特長がある。だから、そのプレーを得意にしている先輩に質問をする。守備陣だけでなく、フォワード陣にも話を聞いた。ヘディングが上手い人には「どうやっ

てヘディングを鍛えたんですか?」というような基本的なところから始まるから、質問は尽きない。

「2対1の場面で、ボールを持っている選手とそれを受けようと回ってくる選手とどっちを優先すればいいんですか?」「あんなふうにパスを出す場合、ボールを持った時のファーストタッチは、どのへんに置こうとしているんですか?」

どんどん細かいことが気になってくる。僕なら頭を抱えて悩むようなシーンでも、先輩たちは躊躇なく自然にプレーしている。それが理解できず、その根拠が知りたかった。

僕自身は、成長するための疑問を解決する重要な手段だから、質問することは自然な作業のひとつだったけれど、質問される先輩にとっては、結構面倒だったに違いない。それでもたくさんの人が僕にアドバイスをくれたことがありがたかった。

「高徳、バックパス禁止だからな」

高校を卒業してトップチームで試合に出始めると、センターバックを務める永田充さんからよくそんなふうにいわれた。ビルドアップのためには縦パス、前へボールを運ばなければならない。しかし、そのパスを相手に奪われれば、途端にピンチを招いてしまう可能性がある。リスクを恐れた僕が逃げたパスを出すことを充さんは許さなかった。

相手選手の絶妙なポジショニングが僕にプレッシャーをかけてくる。どうしようもない、これが最善の策なんだと、僕は後方にいる充さんへパスを出す。しかし、充さんは必ずそのボールを僕に蹴り返した。「前へ行け！」というメッセージを込めて。時には怖い顔でそう叫ぶこともあった。もしも、後ろへボールを預けるのであれば、高い位置にポジションを取って、リターンパスを受ける準備をしておけということだ。

僕が務めていたサイドバックはディフェンシブ、守備的なポジションではあるが、いつも前を向いていなければいけないという意識を充さんが僕に植え付けてくれた。

「バックパスや横パスを出すのはサイドバックとしては負けなんだ」

そんな気持ちが自然と芽生えていった。

当時のアルビレックス新潟には、いろいろなクラブから移籍加入した選手も多かったが、選手それぞれがプロとしての「背中」を見せてくれた。選手である前に人間として素晴らしい人たちに恵まれた。ピッチを離れれば、緩さが魅力的な人でも、サッカーに対しては真摯《しんし》で安定感を漂わせている。優しさと同時に「そんなプレーじゃダメだろ」と厳しい指摘をしてくれる先輩もいる。厳しさと優しさがちょうどいいバランスで保たれ、集中への切り替えも早い。そういうプロ集団とはなにかということの基盤を、僕はアルビレックス新潟で学んだ。

「お前、もうプロ気取りか？」

　トップチームの背番号も頂いてはいたし、スケジュールもトップと同じだったけれど、自分はまだプロ選手ではない。２種登録選手とプロとではまったく立場が違うと線を引いていた。トップで練習している現実は緊張感とともに自信を与えてはくれた。でも、そこに胡坐《あぐら》をかいてしまえば、痛い目に合う。そういう危機感をいつも持っていた。実際、鼻をへし折られる事件が起きた。

　２種登録選手になってからは、クラブの方針もあり午前中に行われるトップチームの練習にしか、僕は参加できなくなった。一方で、同じ寮で暮らすユースの選手たちは午前、午後と二部練習を行っていた。毎日、自分に足りないものを痛感していた僕は、午後も「ユースで練習したい」と考えていた。練習時間が短いことが不安だったからだ。いつか追いつかれてしまうかもと怖かった。

　トップチームにいる、ということは試合に出場する可能性があるということだ。それはとりもなおさず、戦力であることを意味する。プロとして契約はしていなくても、「プロ」

なのである。だから、コンディションや怪我を防止するためにユースでの練習は禁じられていたのだ。トップチームとユースとではプレー強度も違い、午前午後と練習すればオーバートレーニングの可能性があった。

午前練習後に高校の授業を受けたり、勉強をしたあと、ユースチームの午後練習が行われる間、寮の夕食までの時間を持て余した。誰もいない寮でひとりぼんやり時間を過ごすことに飽きた僕は、次第に外出するようになった。そして、夕食も外で摂る機会が増えていた。そういう時は、事前に寮へ食事が必要ないことを伝える。

その日、友人とビュッフェ・レストランで夕食を食べようと席に着いた瞬間だった。携帯電話が鳴り出す。ユース監督のフチ（片渕浩一郎、2018年からアルビレックス新潟監督）さんからだ。

「高徳。お前今、なにをしてるんだ？」

「晩飯食べてます」

「さっき、寮へ顔を出したら、お前はここ三日間くらい寮で晩飯食べてないらしいじゃないか？　どういうことなんだ。もうプロ選手気どりで勘違いか？　お前はもうトップに昇格したのか？　そんなヤツはトップには昇格させないから。今すぐ、鈴木監督（当時アル

ビレックス新潟監督の鈴木淳）に電話して、今後トップの練習にも一切参加させないようにお願いするから」

フチさんは一気にそういうと、ブチッと電話を切った。スーッと全身の血の気が引いていくのがわかった。

「俺、寮に戻らなくちゃいけない」

僕はなにも食べずに店を出た。一秒でも早くフチさんに謝らなくちゃいけないと、必死に自転車を走らせて寮へ向かった。すでにフチさんは寮にいなかった。

電話をかけた。しかし、なかなか出てはくれなかった。一度繋がった時には「高徳、もういいよ、お前は」と冷たく告げられただけだった。涙が止まらない。後悔してももう遅い。それでも後悔するしかなかった。

後日、1対1で話す機会を作ってもらったものの、フチさんの怒りは収まってはいなかった。

「仲間が必死に練習している時間、お前は楽しく外出していたんだよ」

「お前がそんなふうだと、ご両親だって悲しいだろう」

フチさんの言葉が胸に突き刺さる。反論の余地はなかった。ここでも泣くしかなかった。

もちろんその涙で許しを請うつもりもなかったし、フチさんが優しい言葉をかけてくれるわけもなかった。それで良かった。

「この部屋を出たら、周囲に涙を見せたらダメだぞ。その涙のことを一生忘れるな」

厳しい言葉が僕の心の奥にズンと残った。

出場予定だったユースの大会への出場も許してはもらえなかった。トップチームのトレーニングには参加していたが、残念でならず、申し訳ない気持ちでいっぱいだった。そして午前はトップチームで練習し、午後は寮で過ごす。そういう毎日に戻った。

現役選手としてサガン鳥栖やアルビレックス新潟に在籍していたフチさんは、負傷したこともあり20代後半で現役を引退している。だからなのか、僕らユース選手に対しても、プロ選手と同じ意識を求める厳しい指導者だった。食事制限や身体のケアなど、多くのことを教わった。そして「選手である前にひとりの人間としてのあるべき姿」を大事にする方だった。「選手としての能力が高いだけでは、トップに昇格させない」というスタンスを貫いていた。トップチームに参加しそこにいる選手たちの姿を見るたびに、フチさんの教えが正しいことを実感していた。

現役引退後、コーチを務めたフチさんがユースの監督に就任した2006年は、僕がユースに入った年だ。僕のユース時代をずっと見守ってくれた指導者といってもいい。フチさんは僕に裏切られたような想いがあったからこそ、あれほど激怒したんだろうと今は思う。その後、この時のことをフチさんに聞いたことはない。けれど僕は痛感していた。

ユースチームの誰もが、トップに昇格するために練習している。そういう仲間の気持ちを考えず、僕は彼らが汗水流している時間に、自分がトップで練習しているからといって、自由気ままに遊んでいた。そんな僕を見た仲間たちがどう思うのか、考えが至らなかった。他の人たちの気持ちを想像できないのは、人としてあってはならないことだ。

そして、そういう僕の態度は傲慢だったのかもしれないし、いわゆる「天狗」になっていると見られても不思議ではない。自分では、自身の立場に胡坐をかいたり、油断をしているつもりではなかったけれど、周囲からは「そう見られる」ということをフチさんが教えてくれた。

この時の教えは、今もなお、僕の心に染みついている。

幼い頃の僕は、「ダブルの壁」にぶち当たり、他人にどう見られているか。そういうことばかり考えて、萎縮《いしゅく》している子どもだった。そして、サッカーという表現手段を得て、自信を身につけることができた。同時に自分の言動を周囲がどう感じるのか？　自分以外の誰かの気持ちを想像することの大切さを知った。誰かの気持ち、その人の立場に立って、考えることは、人間としては当然だが、チームスポーツであるサッカー選手としても重要だと思っている。

「プロ契約」までの道のり

高校三年生の夏。ユースチームの三年生たちがロッカールームに集められた。ひとりずつ、クラブの強化部長が待つ部屋へ呼ばれ、トップチームへ昇格できるかどうかを告げられる。２種登録選手として毎日トップチームの練習に参加しているからといって、昇格が約束されたわけではない。逆に2種登録選手ではない選手にも可能性はある。限られた時間だけトップチームに合流した選手が昇格するケースも考えられる。ロッカールームが緊張感に包まれた。

「やっぱり俺、ダメだったわぁ〜」「俺も絶対にないよ」

そんな緊張感を破るように通達を受けた選手たちの声が響き、それを慰めるような励ますような声が重なった。狭き門なのだからそんな声が多くなるのは当然だ。僕と同じように2種登録だった選手が強化部長との面談を終えて、部屋へ戻ってきた。彼と僕はトップ昇格本命選手といわれていた。その代で誰よりもゴールを決めたストライカーだ。しかし、彼の顔は落胆の色に染められている。それを見たチームメイトがざわつく。

そうやって落ち込んだふりをしながらも「昇格するよ」といって笑うのかと思い、じっとその表情を追った。もしも、彼が昇格できないのであれば、僕も昇格できないという不安を抱きながら。

「嘘だろ？　ダメだったの？」

「うん、なかったよ」

彼の言葉にロッカールームは凍りついた。プロというのはそれほど厳しい世界、高いハードルを越えなければたどり着けない場所なのか。自然とチームメイトの視線が僕に集まる。名前が呼ばれ、僕は強化部長の待つ部屋へ向かった。廊下に響き渡るんじゃないかと思うほど、心臓の音が高鳴った。もし、昇格できなかったら、僕はどうすればいいんだろう。アルビレックス新潟ユースでの3年間のことが頭に浮かび、両親の顔を思い出す。昇格できなかったチームメイトの多くが大学へ進学する。しかし、僕はプロとしてサッカーでお金を稼ぎたい。大学へ行って、これ以上の負担を家族に強いることはできない。プロのチャンスは残されているのか？　トップチームの先輩にその手段を聞いてみるしかないな。ダメだった時のことばかりが頭に浮かび、不安は増幅するばかりだった。ドアをノックし、「入れ」という声とともに、部屋に足を踏み入れる。小さな会議室。強化部長、ユースの監督が並んで座っている。

「じゃあ、そこに座ってくれ」

「失礼します」

「来季、トップに昇格するかどうかについての話をします」

「はい」

僕の未来を決める運命の瞬間、答えが告げられる。息をするのも忘れるほどの緊張感。ドキドキは最高潮だ。

「酒井高徳くん。君には来季、トップチームでプレーしてもらいます」

強化部長の言葉に鳥肌が立ち、熱い感情が喉を締めつける。涙がこぼれ落ちそうだったけれど、瞬時に「泣くな」と自分を律した。このあとロッカールームへ戻る。トップチームへの昇格確実と思われながら、それが叶わなかったあの選手の前に立つことを考えると、

僕が嬉し涙を流している場合ではないと悟ったからだ。ロッカールームのドアを開ける時、どんな顔で戻ればいいのかと思ったが、考えたところでしょうがない。

「高徳、どうだった？」

チームメイトたちが期待に満ちた顔で聞いてくる。

「うん、トップ決まったよ」

僕はさりげなく答えた。しかし、仲間たちはまるで自分のことのように喜んでくれる。「良かったな」「お前は昇格できるって思っていたよ」

その中には、昇格できなかったあの選手の声があった。

「うん。ありがとう」

そう答えるのが精いっぱいで、彼の顔を直視することはできなかった。けれど、ともに戦ってきた同志だからこそ、伝わる想いがあった。

結局、その年、ユースからトップチームへ昇格したのは僕だけだった。

急いで寮へ戻る。携帯電話を持ってはいたが、寮の部屋から父に電話をかけた。

「高徳、どうしたんだ。なにかあったのか？」

「トップ昇格が決まったよ。俺、プロ契約できるよ」

父にそう告げた途端、また涙が流れそうになった。そのあとも父との会話は続く。自分の声が震えているような気がした。「トップに昇格できなかったら、両親になんていえばいいのか」と考えた時に抱いたのは恐怖心のような感情だった。お金の工面をしてユースへ入れてくれた両親の期待に応えたいという想いで、3年間頑張ってきた。それが叶わなかった現実をどう告げればいいのかと考え、答えのない問いに悩んだ。だから、トップ昇格を告げられることとの安堵が僕の心を震わせた。

そして、電話を切ったあと、堰《せき》を切ったように涙がこぼれた。嬉しさと達成感と安堵感……さまざまな感情が涙になった。とめどなく流れる涙の熱を感じながらも、同室のチームメイトが帰ってくる前には泣き止まなくちゃと思った。その喜びに浸れるのは僕だけ。仲間たちは表に見せなくとも、それぞれが落胆を抱えている。それでも、ユース生活の残り時間を戦い、新しい夢を追い、進路を模索し続けるのだから。

それは僕も同じ。父の言葉がよみがえる。

「良かったな。でも、ここからがスタートなのは、わかっているよな」

喜んでくれたのは間違いない。しかし、父の厳しさは揺るがず、手放しで喜ぶ様子を僕に見せることはないのだ。それは今も変わらない。ただそういう父の厳しさが嬉しかった

し、僕の背中を強く押してくれた。

プロ契約を結べるというのは、新しいスタートラインに立ったということ。今がゴールではないとわかっていながらも、ホッとした。

背番号24に込められた思い

2009年1月、僕はアルビレックス新潟の一員となった。

新人選手は数年間、寮生活が義務づけられている。トップ選手は三階で暮らすが、僕はユース時代と同じ二階の部屋204号室を使わせてもらった。ユース時代はふたり部屋だったが、トップに昇格するとひとりで使えるようになった。

住む場所も変わらないから、プロ選手になったといっても、生活自体に大きな変化はなかった。

Jリーグのプロ契約には年俸の上限のないA契約から480万円という上限のあるB契約やC契約があり、新人選手はすべてC契約からスタートし、試合出場時間が規定時間を越えるとA契約を結ぶことができる。アルビレックス新潟ではC契約の選手は、自分で練習着を洗濯しなければならない。シューズも自己管理する。そういう意味でもユース時代とやるべきことは変わらない。

それでも、ロッカールームには僕の名前が付いたロッカーがあり、背番号がつけられた練習着が用意されている。そういう小さな変化に喜びを感じていた。

背番号24。高校一年の時から3年間ユース監督として、指導してくれたフチさんから「僕がアルビレックス新潟でつけていた番号をもらってくれるか？」と提案され、本当に嬉しかった。「是非つけさせてください」と即座にお願いした。

Jリーグのクラブのほとんどがシーズン前には2週間程度のキャンプを行う。しかし、雪の多い新潟を本拠地とするアルビレックス新潟は、1カ月強の長い期間、キャンプが実施される。たいていは1次、2次と2カ所でのキャンプだが、積雪が多い年は新潟でトレーニングができず、3次キャンプを実施せざるをえないこともある。

高校時代にもそういうキャンプに参加してきた。特に2種登録となった三年生の時は、「僕も戦力の一部なのだから」と鈴木淳監督にアピールしたいと意気込んだ。もちろんそう簡単に出場機会を得られるわけではなかった。高校生ならそれでもまだ納得というか、しょうがないと思えるけれど、プロ契約したとなっては、「経験不足」とか「まだ若手だから」

という言葉で片づけてはいけないという意識も芽生えていた。

もちろん、自分に足りないものがたくさんあることは理解していた。けれどプロとして雇われた以上は、年齢に関係なくプロなのである。

2009年3月7日リーグ開幕、対FC東京戦、味の素スタジアムで僕はJリーグデビューを飾った。ペドロ・ジュニオールが2得点を決め、4対1とリードした89分、マルシオ・リシャルデスに代わってピッチに立った。ロスタイムも含めれば5分程度だったが、公式記録的には出場時間はわずか1分だ。

それでもなんだか誇らしい気分だった。

アルビレックス新潟ユースからトップに昇格する選手はほんのわずかで、試合に出場できる選手ともなれば、もっと数が限られる。ユースチームにはトップチームの戦力を育成する目的がある。なのに、トップチームで活躍する選手がいないのは、ユースを目指す、新潟の子どもたちやユースの選手たちにとって、夢や目標、モチベーションを奪うようなことにもなっていたに違いない。そういう中で、ユースから昇格1年目の僕が開幕戦でベンチ入りを果たしただけでなく、わずかな時間であっても試合出場できたというのは、後輩たちにとっての希望になるんじゃないかという想いを抱いた。

　大勝したこともあり、試合後の雰囲気も最高だった。アウェイにもかかわらず、足を運んでくれたたくさんのサポーターたちの歓喜の声が勝利の重要性を教えてくれた。

「試合にも勝ったし、高徳もデビューしたし、おめでとう。いい一歩が踏み出せたな」

　嬉しそうなクラブ関係者の声にも自分の立場を思い知った。ユースチームからの昇格ということで多くの期待を背負っている。その使命感にゾクゾクした。

　２００８年11月５日、トップチーム昇格が発表されたのち、天皇杯５回戦対ＦＣ東京戦で先発出場しているが、リーグ戦での出場はまた格別だった。

　そして、７月11日にはホームのビッグスワンスタジアムでのリーグ第17節対川崎フロンターレ戦で初先発。３月のナビスコカップ（現ＹＢＣルヴァンカップ）でもすでに２試合ホームゲームで先発していたが勝てなかった。今度こそはと勝利を願いピッチに立った。

　子どもの頃、父に連れられて足を運び、「こんなに大きな場所で、たくさんの人たちの中でサッカーするのか」と驚いた。アルビレックス新潟ユースに入ってからは、いつかそこに立ちたいと思うようになった。いつもスタンドから眺め続けた憧れのピッチだ。あそこに立ったらどんな気分になるのか？　想像しても想像できなかった。

そういえば日本代表の初出場もビッグスワンだった（2012年9月6日対UAE戦）。今でもビッグスワンへ行くと特別な気分になる。初めてそこに立った日のワクワクやドキドキがよみがえり、胸の鼓動が高鳴る。ロッカーからピッチへと通路を歩く時、自然と高揚感が生まれてくる。

川崎戦は2対2のドローで終わった。

先発デビュー「15戦未勝利」の疫病神

リーグ戦のベンチ入りメンバーとして定着しつつあった僕は、春のナビスコカップでは先発出場のチャンスを得た。しかし、3試合で先発したものの、結果は1分2敗。そして、リーグ初先発の川崎戦でも勝利はできなかった。その後も3試合に先発したものの3分。試合出場の喜びは次第に勝てないことへの苦悩に変わっていく。

チームを勝たせることができない。

それは翌シーズンにも続いた。ベンチスタートだった第1節以降は5節をのぞき先発だったが、8節まで勝てなかった。ナビスコカップでも第1節は引き分け、4月14日の第

2節セレッソ大阪戦で初めて先発初勝利となった。しかしリーグ戦では5月1日第9節ヴィッセル神戸戦まで勝てなかった。高校三年の天皇杯を加えたら、先発15試合で勝ってはいなかった。

「高徳が先発すると勝てないよな。疫病神か」

インターネットにサポーターの書き込みを見つけて、さらに気が滅入った。

1年目の2009年、僕はリーグ戦18試合に出場している。その数は過去のユース出身選手の中で最も多かったので、周囲からは「良くやった」という声をかけてもらった。しかし、僕自身に満足感はなかった。トップでも通用すると自分の力を過信していたわけではない。確かに開幕戦で出場し、それ以降もベンチ入りすることはできた。しかし、そうやって試合に絡む立場になったからこそ、危機感も大きくなっていた。

「せっかくチャンスをもらったのに、まったく自分らしいプレーができていない。期待に応えきれていない」

自分がいかにダメなのかというのを毎日毎日考えていた。サイドバックで出場する試合もあったが、慣れないポジションでの起用も少なくなかった。当時のアルビレックス新潟は、4-3-3の1トップ2シャドーのシステムで戦っていたが、その2シャドーの1枚

を担うこともあった。攻撃は確かに好きだったし、子どもの頃は裏へ抜けるプレーが得意だった。しかし、プロで通用するレベルかといえば、そうではなかった。それでもとにかく必死にただガムシャラにやるしかなかった。そのポジションのレギュラー選手のプレーを見ながら、「こういう時に裏を狙うのか」「ああいうタイミングでパスを出すのか」と頭に叩き込み、いざ自分がピッチに立つと、それを思い出し考えながらプレーした。

ただただ、チームに迷惑をかけないようにしなくちゃいけない。ボールを失わず、リスクは冒さず……と常に安牌《あんぱい》なプレーしかしていなかった。文字通り消極的なプレーに終始していた。自分としてはプレーしやすいはずのサイドバックで出場していた時でさえ、センターバックからの横パスをトラップミスして、タッチラインを割るという失態を犯すこともあった。一度やるとパニックになり、何度か繰り返してしまう。

「一番下手なんだから、もっと練習しなくちゃいけない」

自分の技術力のなさを痛感し、コーチにつきあってもらい、全体練習後に、居残って個人練習を始めた。ボールを止めて蹴るという基本練習を自分が納得いくまで行った。それは決して特別なことではない。僕はそれまで、全体練習で100パーセントの力を出し切ることがもっとも大事だから、そのあとの個人練習をどこか否定的に考えていた。だけど、もうそんなことをいっていられる状況ではなかった。

ユースや年齢別の代表では、いつも自信満々でプレーできていた。気持ちに余裕があった。しかし、トップへ上がってからは、どこか縮こまってしまっていた。だから、単純なミスを繰り返してしまう。今思えば、技術力不足だけでなく、メンタル面での弱さがその大きな理由だったのかもしれない。けれど、当時はそんなふうに考えることもなく、ただ練習あるのみという気持ちだった。

試合に出て、「高徳、いいね」といってもらいたい。チームの恥にならないようにプレーしたい。一日でも早く上手くなり、プロとして当たり前の技術を持ち、基盤を作りたい。焦りにも似た気持ちで自分を追い込んだ。

驚きの代表招集と電話

「高徳、代表に選ばれたぞ」

そんなプロ1年目の最後に届いたのは驚くべきニュースだった。翌2010年1月6日に行われるAFCアジアカップ2011最終予選対イエメン戦のメンバーに選ばれたのだ。

すでに予選を突破していた日本代表にとっては消化試合だったため、若いチームで戦うことが決まっていた。

　岡田武史監督が率いる代表チームではすでに、(本田)圭佑くん、長友(佑都)さん、岡崎(慎司)さん、(内田)篤人くんら北京オリンピック世代の若手が活躍していたが、当時の僕にとって日本代表はまだまだ縁遠い世界だった。篤人くんが19歳で代表入りしたニュースは記憶にあるが、圭佑くんのことも北京オリンピックのことも知らなかった。

　そもそも、日本代表チームがどういう存在かも今ひとつ理解できていなかった。代表は選抜チームだということも知らず、「日本代表」という常設チームがあるのかとぼんやりイメージするくらいだった。年代別代表で活動してはいたし、代表での国際試合は楽しく、代表に選ばれたいという気持ちはあったけれど、それはA代表ではなかった。今のU-19代表の先に年齢制限のないA代表があると意識する余裕もなかった。ただ毎日が必死だったから。

　確かに僕はU-15から日本代表に招集されてはいたが、早生まれだったので、ひと学年下のチームに選ばれていただけで、同学年の世代の代表には選ばれることがなかった。だから、1990年生まれの同学年の選手がU-17ワールドカップに出場したが、その世界は自分には到底届かない場所だと思っていた。

そんな僕は、代表入りの一報をまるで他人事のように喜んだ。緊張感よりも嬉しさのほうが大きかった記憶がある。選ばれた選手たちの中心は北京オリンピック世代で僕は最年少19歳での選出だった。

大阪で合宿をしてから、イエメンへと向かう。ほとんどが初対面という選手が多かったけれど、フレッシュな雰囲気は僕にも居心地が良かった。岡田監督以下、スタッフはすべて代表チームの方々だ。試合が近づくにつれてピリッとした緊張感が漂った。

試合はイエメンに2点の先制を許したが、その後日本が逆転し、勝利を飾れた。僕はベンチ入りしただけで出場はなかったけれど、日本代表としての務めを果せたと安堵感を抱いた。多分、序列的にはBチーム以下のグループで試合にも出られなかったけれど、日本代表という場所を体験したことで、その存在を少し意識できるようになった。

それがあんなことになるなんて……。


「高徳か、原だけど」

突然鳴った電話の声の主が最初はわからなかった。見知らぬ番号からの電話だった。し

かし、その声には聞き覚えがある。当時日本サッカー協会の技術委員長だった原博実さんだった。U-18やU-19代表にも足を運んでくれていった。

「原さん、どうしたんですか？」

「率直に話すぞ。6月のワールドカップへ4名のサポートメンバーを連れて行こうと思っている。将来性があり経験を積ませたい選手たちだ。もちろん試合には出られないけれど、ずっとチームに帯同し、練習もいっしょにやってもらおうと思っている。お前を連れて行きたいんだけど、どうかな？」

「僕が、ですか？」

「急な話で申し訳ないんだけれど、数時間後にまた電話をかけるから、クラブとも相談して、その時に答えを聞かせてくれないか」

原さんはそういって電話を切った。突然の申し出に戸惑う暇もなかった。続いて、アルビレックス新潟の黒崎（久志）監督から電話がかかってきた。

「聞いたか？　高徳はどうしたい？」

僕は答えに困った。そのシーズン、僕は12試合中9試合で先発し、レギュラーポジションを手にし始めていた。そういうアルビレックス新潟での状況もそうだが、ワールドカップを戦う日本代表のサポートメンバーになることの意味がまだ理解できていなかったからだ。答えに窮した僕の心情がわかったのか、黒崎さんが言葉を続けた。

「良い経験になるから、行ってこい。ワールドカップ中はJリーグも中断している。確かにチームを離れることで、戻ってきた時にコンディションが落ちたりするかもしれない。でも、それを差し引いても、高徳にとってプラスになる経験ができると思うぞ」

代表経験もある黒崎監督の言葉には説得力があった。

「原さん、僕はサポートメンバーとして頑張りたいと思います」

僕の言葉に原さんは喜んでくれた。

僕の他にサポートメンバーに選ばれたのは、福岡大学の永井（謙佑）くん。セレッソ大阪の（香川）真司くん。流通経済大学の山村（和也）くんだった。永井くんと山村くんとは1月のイエメン遠征でも同じだった。特にヤマくんとは連絡先を交換していたので、メンバー入りを知った直後に連絡をとっていた。真司くんとはこの時が初対面だ。

このサポートメンバーでの経験は、僕に計り知れない影響を与えてくれた。

5月21日、ワールドカップ南アフリカ大会への合宿が埼玉でスタートした。日本代表の面々は僕や大学生のふたりにとっては雲の上の存在。Jリーグで対戦したことのある選手もいたが、身近にその存在を感じると代表選手のオーラに圧倒されていた。真司くんはすでに代表に選ばれたこともあったから、僕ら3人とは違い堂々としたものだった。しかし僕はこのまま存在を意識されることなく、ワールドカップが終わればいいのにと思うほど、緊張していた。

国内での壮行試合となった韓国戦に完敗し、チームの空気も世間の評価も重苦しいものに変わったはずだが、それに気づく余裕すらなかった。

チームはスイス合宿へと向かい、イングランド、コートジボワールと対戦する。ハセさん（長谷部誠）がキャプテンに就任し、システムや先発メンバーが変更し挑んだものの、強豪相手とはいえ、2連敗。さらなる危機感がチームを覆った。僕自身は日々のトレーニングで違う重圧と戦っていた。

アルビレックス新潟にいても自分の技術力のなさを痛感していた僕は、代表の「練習」ですら、自分が来るべき場所ではないというのは理解していた。しかし、ピッチに立ったらそんなネガティブな気持ちではいられない。できることを必死でガムシャラに一生懸命やり切る。そのうえで、「絶対にミスはできない」という覚悟を持って練習に挑んだ。ワールドカップという最高の舞台に立つ代表選手たちの足を引っ張るようなことがあってはならないという想いだ。戦術練習でクロスボールを上げる時も、気を使った。ゴール前に立つ選手にとって効果的なパスを出さなければ、練習にはならない。クロスボールが短かったり、長すぎたり、的外れの方向へ飛んでしまえば、貴重な練習機会を奪うことになるからだ。

ワールドカップという大会の重さは、代表選手たちが放つ雰囲気で痛感していた。サポートメンバーをかまってくれることもなかったが、それも当然だと思っていた。そんな中、俊さん（中村俊輔）は、僕らによくアドバイスをしてくれた。「あの俊輔さんが教えてくれている」と驚いた。本当に嬉しかった。

日本代表選手のプレーを見ていると学ぶべきポイントがたくさんあるのは当然だ。そうなるとアルビレックス新潟の時と同じように「質問したい」という欲が湧いてくる。しかし、僕が声をかけることで、選手たちの集中が切れてしまってはいけないと自粛していた。もちろん、世間話みたいにサッカーの話はしたし、その流れで質問することもあり、俊さん以外の人たちにもいろんなことを教わった。しかし、自分から声をかけることはなかった。僕が僕のために「なにかを得たい」「得をしよう」と考えて行動するのは、間違っていると思っていた。ワールドカップを前にした状況で、サポートメンバーがとるべき行動じゃないと。

コートジボワール戦では前後半の試合をやったあとに3本目が行われた。永井くんやヤマくん、真司くんもピッチに立ったが、僕は出られなかった。5分くらいは出られるかなという期待もあったが、「そりゃそうだよな」と納得していた。紅白戦でも僕には出番がなかったのだから、しかたがない。

参加させてもらったミーティング

チームは南アフリカでのベースキャンプ地ジョージに到着。いよいよ本番が間近になった。この頃になるとリクレーションルームで（田中マルクス）闘莉王《トゥーリオ》さんとビリヤードをしたり、サポートメンバーが代表選手と関わる機会も増えていった。

そんなふうに代表選手の輪の中へ引っ張ってくれたのも俊さんだった。

「高徳、オカ（岡崎慎司）にこういってこいよ」

「いやあ、そんなこといえません。無理です」
「オカ！　高徳がオカにいいたいことがあるんだってさ」
僕がなにもいえずにいると俊さんがオカさんにそう声をかける。
「なんや？」とオカさんがこちらを見る。「えっと……」と俊さんにいわされた言葉を口にするとすかさず「なんやねん、お前、幾つやねん」とオカさんが突っ込む。俊さんが笑い、その様子を見ていた他の選手たちも笑い声をあげる。なにをいわされたかはもう覚えていないけれど、そうやってイジってもらえることが嬉しかった。

スーパースターみたいな代表選手たちが話してくれるようになり、代表チームに僕らサポートメンバーの居場所ができていった。

事前の話では参加できないといわれていた試合前などのチームミーティングも岡田監督の指示で参加させてもらった。試合前やハーフタイムのロッカールームにも入った。ただ突っ立っているだけだと邪魔になると思い、水やタオルを手渡したり、自然と体が動いた。

代表チームには、ユニフォームやシューズ、練習着やタオルといった選手が使用する用具の管理をするスタッフがいる。用具を運び、ロッカーに並べ、試合や練習後には、使い終わったものを集めて、洗濯に出したりとその仕事は多岐に渡り、大変な作業だ。僕らは

そんなスタッフの仕事を手伝った。なんでもいいから、このチームのために自分たちができることをしたかった。

ワールドカップ初戦のカメルーン戦で勝利し、チームのムードは一変した。第2戦のオランダ戦には敗れたが、第3戦のデンマーク戦にも勝ち、決勝トーナメント進出が決まる。「勢いに乗る」というそんな空気が漂っていた。しかし、それを作ったのは試合結果だけではなかった。試合に出ていない選手たちの振る舞いがチームを支えていたのだ。

ナラ（楢崎正剛）さん、俊さん、オカさん、篤人くんとアジア予選では先発出場していた選手たちがその座を別の選手に譲っていた。今野（泰幸）さんは大会直前の試合での負傷が原因で先発を外れた。そういう選手たちはどういう気持ちでベンチに座り、試合へ向かっていくのだろうかと思った。もし、自分がその立場だったなら、絶対に耐えられないだろう。

しかし、ふてくされている人は誰もいなかった。それどころか、俊さんはBチームの一員として戦った紅白戦のあと、先発組の選手たちに次々と対戦相手の目線で感じたことをアドバイスしていた。

「俺が相手だったら、ここを狙ってくると思うよ」「あの選手はこのあたりでフリーになるのが上手だから、守備の仕方をボランチと話し合ったほうがいいよ」「今日はあまりプレッシャーがかかっているように思わなかったよ」

そして、それを先発組の人たちは真剣に聞く。川口（能活）さん、ナラさん、稲本（潤一）さんといったベテラン選手たちを中心に、意見を交換するようなコミュニケーションの輪がチーム内にはあった。試合に出ている出ていないという垣根がない。ハーフタイムに大きな声でチームを鼓舞するのは、試合に出ていないベンチメンバーだった。

先発の立場を失えば、落胆するのは当然だろう。そしてなかなか試合に出られないのであれば、ストレスもたまるはずだ。僕らとは違い、ワールドカップに出場するために、ここへ来た選手たちなのだから。

しかし、誰もが自分のネガティブな感情を自分の中へ押しとどめ、チームが進化するためにすべきことに全力を尽くしていた。誰もが日本代表のために必死だった。だから、練習で手を抜いたり、気持ちが入らないなんてこともなかった。

「この人たちは本物だ。だから日本代表に選ばれたんだな」

昔から多くの指導者やスタッフに「日本代表には一流の人間しか入れない。サッカーが上手いだけでは入れない場所なんだ」といわれ続けてきたが、その意味がしっかりと理解できた。もちろんサッカーの能力も必要だけれど、人間性も大切なのだ。ユースの時、片渕監督に激怒された理由を改めて思い出した。自分のこと、自分の感情だけに囚われるのではなく、周囲の人間の気持ちを想像するというのは、チームを想うことに繋がる。そして、日の丸を背負う覚悟、国を背負うということの意味を教えてくれたのは、南アフリカでベンチに座る選手たちの姿だった。「控え組」と呼ばれた先輩たちのような人間に、チームのために戦える選手になりたいと思った。

サポートメンバーも日本代表である

決勝トーナメント1回戦対パラグアイ戦。延長PK戦の末に敗れ、日本のワールドカップ南アフリカ大会は終わる。悔しかった。悔しすぎて涙が止まらなかった。サポートメンバーみんなが泣いていた。

「お前たちサポートメンバーのことは、あんまり見てあげられなかったけど、すごく力になってくれているという話はいろんなスタッフから聞いているよ。だからとても感謝している。ありがとう」

最後に岡田監督から労《ねぎら》いの言葉をかけてもらい、恐縮した。めっそうもないです、みたいな感じで頭を下げるしかなかったが、心の中は安堵感と嬉しさでいっぱいだった。

合宿当初は、あまりの緊張感で、サポートメンバーとしての1カ月半を考えると少し憂鬱な気分になった。これだったら、新潟に残り、スタメンを盤石なものにしたほうが良かったんじゃないかとすら考えていた。しかし、すべてが終わった時に思ったのは、サポートメンバーとしての経験によって、選手として、人間として、大きくしてもらったという実感だった。


「高徳はサポートメンバーに厳しいなぁ」

２０１４年ワールドカップブラジル大会中、（本田）圭佑くんにいわれたことがある。

その大会でも杉森考起と坂井大将《だいすけ》というふたりの高校生がサポートメンバーとして帯同していた。僕は率先してふたりの面倒を見たいと考えていた。

「サポートメンバーだからこそ、学ぶことがたくさんある。いっぱい盗んで帰れるように頑張れ」と最初に告げて、その後も彼らを見ていた。

「今、お前たちが荷物を運ばなくちゃいけないだろう」

「わからない、わからないじゃなくて、そういう時は遠慮しないで聞かなくちゃダメだ」

「思いっきりプレーすることが、お前らにも俺たちにもプラスになるんだ」

気がつくとそんな言葉を数多くかけていた。それは僕自身が南アフリカでの日々に価値を感じ、あの時のサポートメンバーを誇りに思っているからだ。ただついて来るだけじゃ、なにも得られない。緊張だけの1カ月だったとしたら、彼らの経験にはならない。だから厳しいこともいったのだ。


南アフリカで僕は、日本代表というチームの本質、代表選手のあるべき姿を体感できた。試合に挑むまでの選手それぞれの準備、オンとオフの切り替え、サッカーに取り組むプロフェッショナルな姿勢を目の当たりにした。

この経験によって、学んだ意識は今もなおずっと変わらない。

そして、初めて、日本代表やワールドカップが僕の目標になる。ずっと足元を見ながら、階段を上ってきた。それも大切なことだけれど、目線をあげて、高い場所を目指すことも大事なんだと思うようになった。そうすることでもっと成長できるはずだと。

ワールドカップ中も、全体練習とは別にサポートメンバーの4人は、コーチたちとともに個別練習をやらせてもらえた。代表のフィロソフィーとプロセスに応じた練習を繰り返した。全体練習でもかなりの集中力が必要だったが、それを維持しながらの個別練習によって、自分のサッカーが変わったような気がしていた。だから早く試合がしたくてしょうがなかった。

ワールドカップが終わり、アルビレックス新潟で、Jリーグでプレーすると、今までとは違う感覚があった。簡単にいえば、「余裕がある」という感じだ。自分にとっては遥かに高いレベルだと思っていた日本代表という場所で練習したからこそ、成長できたように思えた。この経験は海外でプレーしたいと考えるきっかけにも繋がっている。

日本代表、ワールドカップという新しい目標を手にした僕は、レベルの高い場所へ行けば、成長できるという確信みたいなものを得られた。まだJリーグでなにもできてはない。だから、南アフリカ大会後に欧州へ渡った佑都くんや篤人くん、そして真司くんのように、今すぐというわけではなかったけれど、年代別代表での国際経験の中で、ぼんやりと考えていた海外へ行きたいという欲が明確に強くなった。

そんなふうに未来について考えるようになったからこそ、今日が重要だ。試合のプレーを支える日々の練習への意識が高くなったのもワールドカップの影響だった。一本のパス、一度のトラップ、その一瞬一瞬を無駄にしたくない。もっと正確にもっと速く、日本代表選手たちが当たり前にやっているプレーをしなければいけない。自分の中での基準が確実に高くなっていた。

世界への視界が開けた日、2日後の出国

2010年、10月U‐20ワールドカップ出場権を賭けたU‐19アジア選手権が中国で行われた。ミッドフィルダーとして先発出場し、初戦のUAE戦、第2戦のベトナム戦に勝利して、決勝トーナメント進出が決まる（第3戦のヨルダン戦には出場していない）。準々決勝の相手は韓国だ。ここで勝てば、U‐20ワールドカップへ出場できるという大事な一戦でも僕は先発した。

日本は前半14分に先制すると31分にもPKで追加点を奪うという幸先の良いスタートを切った。しかし、32分に失点すると、44分、そして前半アディショナルタイムには逆転弾

を許した。守備から試合に入ろうと考えていたが、そのプランが崩れ、日本は攻めなければならない展開になる。リードしているにもかかわらず、後半に入っても韓国は前線からのハードプレスを緩めず、思うようなプレーができなかった。過去にも韓国とは何度か対戦していたが、その日は過去の韓国とはまったく違い、パワーもテクニックも日本を上回っていた。そんな敵のゴールをこじ開けるのは容易ではなかった。後半17分、接触プレーで腰を痛めてしまい、僕はそこでピッチをあとにしなければならなくなった。

　試合終了の笛をベンチで聞いた。日本はこれで2大会連続、準々決勝で韓国に敗れてワールドカップ出場権を逃したことになる。相手のパワープレーに押し切られた形での敗北。2点リードしたことで油断が生まれてしまったのかもしれない。そこで失点し、慌てた結果だった。悔しさがこみ上げる。今までとは違う質の悔しさだ。

　南アフリカで経験したことをチームに還元し、今度は自分のチームで20歳以下のワールドカップへ出場するという願いが叶えられなかった。成長したことを結果で示せなかった。成長の手ごたえは、Jリーグ以外の場所では通用しないのか？　危機感が高まった。

「この悔しさをロンドンオリンピックで晴らしたい」

　韓国に敗れたあと、僕はそう語っている。確かにチームを取り囲む雰囲気としては、次

の目標は23歳以下の選手で編成される2012年のロンドンオリンピックという感じだった。でも僕自身はまだオリンピックというのが今ひとつピンとこないというのが正直な心情だった。U-20、オリンピック、そしてワールドカップと段階を踏むというイメージが抱けなかったからだ。

2010年シーズンはアルビレックス新潟でもリーグ戦31試合、2535分の出場を果たしている。とにかく目まぐるしい1年間だったが、僕のキャリアにとってのターニングポイントとなったシーズンだともいえる。

その多忙さが影響したのか、翌2011年シーズンは多くの怪我に悩まされた。

2011年1月にカタールで行われたアジアカップのメンバーにも選ばれた。（アルベルト・）ザッケローニ新監督のもとでスタートした新代表。C代表でもサポートメンバーでもない正式な招集に対して僕は、驚き以上に引き締まるような気持ちになった。前年12月末から大阪で行われたキャンプに参加するものの、腰痛に悩まされていた。それでも簡単にこのチャンスを諦めたくはない。痛みをなくして戦力になりたい。そう信じて、カタールへ渡ったものの、結局初戦を前に離脱せざるをえなくなり、帰国した。

3月以降はロンドンオリンピック出場権を目指すU－22代表が主戦場となり、A代表にはなかなか呼んではもらえなかった。そのうえU－22代表でも怪我での途中離脱が何度かあったし、アジア2次予選では招集されたもののベンチ外になることもあった。最終予選でも9月の初戦は先発したが、11月の2試合ではともにベンチスタートだった。U－22代表でもそんな状態だったので、A代表との縁も薄らいだような気がしていた。

そんな中、10月1日、リーグ戦第28節対横浜F・マリノス戦で待望のJリーグ初ゴールを決めている。しかもビッグスワンでだ。

1－0とリードした後半、スローインで入れたボールをゴール前で受け、右足でミドルシュートを打った。迷いのないプレーでの初得点は4－2という8試合ぶりの勝利に繋がった。残留争いを戦っていたチームの役に立てた。

「長友佑都二世。酒井高徳にイタリア・チェゼーナが興味」

初ゴールとともに、報じられたのがそんなニュースだった。長友さんがFC東京から最初に移籍したクラブの関係者が現地メディアの取材に応じて、僕の獲得に興味があると語っていたという。

「僕を見てくれている人がいるのか」と嬉しく、そして、勇気になった。

その後、ドイツ、ブンデスリーガのシュトゥットガルトからも「興味があるから、今度のオリンピック予選を見に行く」という話が代理人経由で届いていた。しかし、その11月の試合で僕はベンチに座ったまま出場できなかった。「Jリーグで頑張るから、見ていてください」と、そんなことを話した記憶がある。しかし、シュトゥットガルト関係者は当然がっかりしたままドイツへ戻った。僕もこの縁はもうなくなるんだろうなと思っていた。

しかし、そうではなかった。

「本人がドイツでプレーしたいというのであれば、一度練習に参加してみないか？」

シュトゥットガルトからの誘いを代理人から聞いたのは、リーグ戦が終わった直後だった。

「高徳、どうする？」

「行くよ」

僕は即答した。そして、2日後ドイツへ飛ぶことになる。

「明後日、ドイツへ行くことになった。でも、3日くらいで戻ってくる。テストしてもらい合格すれば、移籍できるかもしれないんだ」と僕から聞かされた家族は、突然の展開に驚いていた。それは僕も同じ。でも、このチャンスは絶対に逃してはいけない。

「これはまだテストなんだ。決まったわけじゃない」

ブンデスリーガ1部のクラブでプレーできるかもしれないという興奮は自然に湧いてくる。それをどうにか抑え込むようにそういい聞かせながら、ドイツへ向かった。

シュトゥットガルトに到着したのは試合前日だったので、スタメン組とは練習らしい練習はできなかった。それでも2日間練習に参加し、僕は帰国した。その後正式なオファーが届き、クラブ間交渉を経て、12月23日移籍が決定する。まずは1年半のレンタル移籍で、僕を戦力として評価した段階で買い取るという内容だった。

シュトゥットガルトにとっては、移籍金もそれほど高額ではないので、まずはお試しという感覚だったのだろう。僕自身も、ドイツでなら自分がやっていけるという自信があったわけではなかった。シーズン途中での加入。最初の半年はドイツに慣れるために使い、残りの1年間でつぶれて帰国してもいいとも考えていた。目の前に止まった「日本を出るためのバス」に飛び乗ってしまえ！　と勢いに任せた部分もある。実際、年明け早々にはキャンプが始まるため、1日でも早くチームに合流してほしいという要請だったから、悩んでいる暇もなかった。

「新潟出身で、ユース育ちの生え抜きの高徳には、アルビレックス新潟で活躍してほしいと思うけれど、その気持ち以上に世界で羽ばたく高徳を見てみたい、高徳には羽ばたいて

ほしいという気持ちのほうが強いんだ」

神田勝夫強化部長は笑顔で「行ってこい！」と背中を押してくれた。「移籍を反対されたらどうしよう。アルビを裏切ることになるんじゃないかな」という不安も多少はあったから、「暴れてこい！」という言葉は本当に嬉しく、その愛情に胸が熱くなった。

神田さんだけでなく、片渕ユース監督もチームメイトもみんなが「すごいじゃないか、良かったな」と喜んでくれた。あまりの急展開だったため、ニュースで移籍を知った友人や知人もたくさんいたはずだ。ほとんど、きちんと挨拶もできないまま、僕はドイツへと旅立った。

不安はなかった。自分の挑戦がどれほど大きなものなのかも、その時はまだ実感できていなかったからだろう。「海外でプレーしたい」という欲だけが、僕の武器だった。シュトゥットガルトのことも、ブンデスリーガのことも、なんの知識もない。それでも、今自分が立っている場所よりも高い場所であることだけはわかっていた。だから、成長できる。そのことが嬉しくて、ただただワクワクしていた。

（第3章）

chapter 3

ドイツ

見た目ではない。プレーがすべて

「大丈夫か、お前。そんなレベルじゃないだろう」

ブンデスリーガ・シュトゥットガルトへの移籍が決まった時、心配そうにいった父の言葉を思い出しながら、弱気になりそうな自分を奮い立たせ、僕はまた走り出す。試合に出場しなかった数名の選手とともに、1000メートル8本のメニューを消化する。

2012年1月、晴々しい入団会見を終えて、シュトゥットガルトの冬季キャンプへ合流したものの、紅白戦ですらプレーする機会がない。1月下旬に再開したリーグ戦でもベンチ外が続き、僕は試合をスタンドで観戦するだけだった。サイドバックでいえば、3番手4番手という立場。

ブンデスリーガのレベルが高いことは十分理解していたし、易々とそこで活躍できるとも思ってはいなかった。それでも、意気揚々と新潟を旅立ったことを思うと、空しさを感じてしまう。

ちょうど1年前にシュトゥットガルトに加入したオカさん（岡崎慎司）の存在は、そんな僕にとって非常にありがたいものだった。それはチームメイトとして過ごした間、ずっと続くことになる。

オカさんとは、僕がサポートメンバーとして参加したワールドカップ南アフリカ大会でもいっしょだったが、当時はそれほど話をした記憶はない。すでに紹介したように、中村俊輔さんが間に入り、笑いのネタとして絡むことはあっても、個人的な会話をかわしたわけではない。だから、シュトゥットガルト入りが決まった時もオカさんに電話をかけるとか、そういう間柄ではなかった。ある意味、シュトゥットガルトで「初めまして」というような感じだった。

オカさんの通訳の方が僕の通訳も務めてくれたので、自然とともに行動するようになる。

「あれ？　高徳ってドイツ語話せないのか？」

ドイツ人のチームメイトは、僕に通訳がいることを不思議そうに見ていたと思う。どう考えても見た目はドイツ人に近いから。確かに僕の母はドイツ人だが、家庭でドイツ語を話すことはなく、僕はドイツ語がまったく話せなかった。

しかし、チームメイトにとっては、僕の国籍や見た目なんて関係ないようだった。ピッチ

上でなにができるのか、プレーがすべて。しかし、僕は試合のベンチにも入れず、いきなり戦力外というような立場。チームメイトにとっては関心を抱く対象でもなかったんだと思う。

監督も同じだっただろう。練習参加を経ての獲得だったが、期待外れというふうに考えていたのかもしれない。

アルビレックス新潟では、ほとんど試合に使ってもらえた。先発で試合に出ることが当たり前になっていた。しかし、ドイツでのベンチ外という現実。これをどう受け入れるのか、それが自分の未来を決めるんだろうと思った。だから、どんな練習であってもやれること、やるべきこと、やろうと思うことをすべて、出し尽くした。100パーセントの力を見せることだけが、僕ができることだった。

日本とドイツとの違い、レベルの差は肌で感じてはいたけれど、実はそのギャップに思い悩むことはなかった。頭や理屈で考えるよりも「やるしかない」という感情のほうが強かったからだ。

ウィンターブレイク明けの2012年のシュトゥットガルトは1分2敗と苦戦していた。

シュトゥットガルトは、1963年のブンデスリーガ創設以降、2部に在籍したのは

2シーズンだけ（2011年当時）で、常に中位に位置する中堅クラブだ。2011－2012シーズンは、マーティン・ハルニック、カカウといった攻撃陣の活躍もあり、UEFAチャンピオンズリーグ出場圏内を目指せるほど好調だった。しかし、徐々に勝てなくなった。僕が加入したのはそんなタイミングで、僕だけではなくストライカーのヴェダド・イビシェヴィッチも補強していたが、結果には繋がらなかった。

僕にとっての最初のチャンスは、チームにとっては不遇が重なったことで訪れた。僕の実力ではなく、だ。

2月4日のレバークーゼン戦。2対2と引き分けたものの、終了間際にサイドバックのクリスティアン・モリナーロがレッドカードをもらい出場停止になる。2番手の選手はアフリカネーションズカップ出場のために不在。「もう高徳しかいない」という苦肉の策として、2月11日のヘルタ・ベルリン戦での僕の先発起用が決まった。

いよいよ、出番が回ってくる。しかし、僕はその現実に喜ぶことはできなかった。恐怖に包まれていた。この時19歳。年齢だけではない。チームに合流以降、まったくといっていいほど、レギュラー組といっしょにプレーしたことがない。練習試合はおろか、紅白戦もやっていない。そのうえリーグ戦の間にはバイエルン・ミュンヘンとのドイツ杯があり、ヘルタ戦へ向けた準備をチームでトレーニングする時間はほとんどなく、僕の不安は増すばかりだった。

ブンデスデビュー。見せられた新潟時代の映像

「高徳、このプレーをここでもやってほしいんだよ」

ヘルタ戦前日、宿舎の部屋に、監督、コーチ、僕と通訳が集まり、映像を見ていた。アルビレックス時代の僕のプレー集だ。監督はその映像を見て、僕の獲得を決めたという。

「これだよ、これ。この上下運動だ」

「このパスを見てみろ、高徳のパスセンスは素晴らしいじゃないか?」

監督は何度も僕の良いところを繰り返した。そうやって僕に自信を植えつけようとしていたのだろう。しかし同時にこうもいった。

「Jリーグと違って、ブンデスリーガではここまで簡単にフリーでボールは持てないだろうけど」

そうなのだ。これこそがもっとも大きな不安、恐怖の要因だった。Jリーグと同じ感覚

のプレーではダメ。ドイツに来て、それを「肌感覚」で感じていた。Jリーグで培った技術や戦術、サッカー観。その延長上にブンデスリーガがあるわけではない。そのことをはっきりと頭で理解するのは、もっとあとのことだったけれど、なんとなくは感じていた。

だから、この時は「上手くいかないプレーも多いけれど、頑張ればなんとかなる。自分なりに精いっぱいやれている」と思っていた。しかしそんな僕のプレーでは監督にとって物足りないものだったに違いない。

迎えたヘルタ戦。5対0と圧勝した。2対0とリードしていた前半30分で相手がひとり退場となり、その直後にオカさんが追加点を決めて、僕の不安も消えた。前半のうちに4得点。そして後半にも1点。チームにとって8試合ぶりの勝利だった。

結果は僕をあと押しした。そこからそのシーズンが終わるまで14試合に先発。うち8試合は右サイドバックで出場している。この間、9勝3分2敗。結果的に6位という成績で、ヨーロッパリーグの出場権を獲得した。

センターバックからのロングボールで破壊力のある攻撃陣を活かすというシュトゥットガルトのサッカーに僕の攻撃参加が見事にマッチしていた。

パスを受けたあと、今なら、ゴールに直結するクロスボールを上げることをまず考える

が、当時の僕は、クロスボールを上げること以上に、目の前の相手をかわすことを優先していた。クロスボールは、相手をかわしたあと、もしくはフリーでパスを受けたあと、リスクのない万全な状態で上げるものだと考えていたからだ。クロスの精度が低ければ、ゴールを決めることもできないだろう。それが日本でプレーしていた僕のサッカー観だった。それに僕の技術力でも、ブンデスリーガの選手をかわすことはできた。逆にフィジカル勝負では負けてしまうけれど、技術力でそれをカバーすることができた。だから、パスをもらうと相手をかわそうとチャレンジした。

選手からは不満もあった。僕が目の前の相手をかわすことで、中でクロスボールを待つ選手とのタイミングがズレることも少なくない。せっかくのカウンター攻撃も僕が切り返すために、時間がかかり、ゴール前の守備も固まってしまう。

「ゴウはクロスを上げるタイミングが遅い」

「どうして、そこで切り返すんだ。かわす前にクロスを入れろよ」

ゴール前で僕からのパスを待つ選手は苛立《いらだ》ち、そう怒鳴ったが、僕は自分のやり方に疑問を持つことはなかった。

「結果がすべて」

それがもっとも重要なことだ。「結果」がチームを支え、選手の評価を高める。厳しい競争に勝つうえでも「結果」から逃げることはできない。ドイツで戦いながら、たどりついたひとつの答えが「結果」へのこだわりだった。

だから今は多少無理な体勢や状況だったとしても、クロスボールを上げることを最優先に考える。ボールの精度が悪くても、タイミングが合えば、得点を決めてくれる。それだけ高い能力のストライカーがブンデスリーガにはいる。10本上げて1本しかゴールにならなかったとしても、その1点で勝つこともある。

僕自身も最初のヘルタ戦で大勝したからこそ、巡ってきたチャンスを摑《つか》めた。結果が出たからこそだ。ヘルタ戦前11位だった順位を6位にまで上げ、ゴールこそなかったが、アシストも5本あり、ゴールに繋がる仕事を数多く果たせた。

「あいつは本当に酒井高徳なのか？　俺が映像で見た選手とは全然違うじゃないか？」

監督は、加入直後、僕のことをそんなふうに批判していたとのちに耳にした。攻撃はいいけれど、守備がまったくダメだと幻滅していたという。そんな監督も僕を起用したことに満足し、驚くほど絶賛してくれた。

「上がったゴウにパスを出せ。ゴウからのクロスボールで得点を決めるんだ」

監督は、僕を軸に練習メニューを作ることもあった。僕のランニング、運動量が活きた。シーズン終盤には、シュトゥットガルトの攻撃は僕の立つ右から展開が増える。

「結果」だけを見れば、加入直後にわずかな落胆を感じたものの、僕のブンデスリーガでの生活は、順風満帆なスタートを切ることができた。高いレベルの相手との戦いの毎日は刺激に溢れていた。試合はもちろんのこと、練習でも同じだった。そのうえ、当時の僕はまだ、ブンデスリーガの知識もなく、怖いものがなにもない状態だった。チームの勝利のことを考えていたけれど、それは今求める勝利とはまったく違う感覚だ。最初に考えるのは「自分のサッカー」「自分のプレー」のこと。僕の得意な攻撃参加をし、いかにチームの力になれるか、「自分の良さをアピールする」ことを第一に意識していた。それが認められるかどうかに、結果がある。

挑戦だけがテーマだった半年間で得た自信はとても大きく、成長幅のあと押しとなった。

オリンピックとA代表

「酒井にドイツ国籍を取得させるべきだ」

地元メディアでそんな記事が掲載され、日本でも注目を集めることになる。「ドイツ国籍を取得して、サイドバックが手薄なドイツ代表に。フィリップ・ラーム二世に」という報道に一番驚いたのは僕自身だ。実のところ、シュトゥットガルトの地元紙にいるひとりの記者が書いてくれただけの話だったが、誰かに認めてもらえたことは素直に嬉しかった。

確かにその時点ではまだ日本代表での試合出場機会がなかったので、規則上ではドイツ代表になることも可能だった。とはいえ、あくまで僕が目指すのは日本代表だ。ドイツ代表という選択肢はなかったし、日本代表としてプレーする自分のほうがワクワクする。それが正直な想いだった。僕は日本人だから。

この頃には、あれだけ無知だった日本代表について、確かな強い想いが芽生え始めていた。

シーズンが終わり、ロンドンオリンピック代表としての活動が始まった。シーズン中はリーグ戦を優先し、オリンピック代表の試合に招集されることはなかった。U－20ワールドカップ出場が叶わなかった僕にとっての初めての世界大会だ。しかし、僕の立場は控え選手。左はオーバーエイジ枠（23歳以上の選手を3名まで選出可能）の徳永悠平さん、右は（酒井）宏樹くんが先発を務めていた。

わずか半年間だったが、ブンデスリーガで仕事をまっとうできたという自信があった僕

は、五輪代表での「控え」という立場にも心が揺らぐことはなかった。

日本代表として日の丸を背負っているのは、先発選手も控え選手も同様だ。それぞれがそれぞれの立場でやるべき仕事を果たす。それが日本代表選手であることを僕はワールドカップ南アフリカ大会で学んだ。あの大会で僕はサポートメンバーという立場で100パーセントの力を出せた。その経験があったからこそ、ロンドンでも自分がやるべきことをやるだけだった。

「いつ出場することになってもいいように万全な準備をする」

この考えは、ずっと変わることがない。日本代表という存在に対して特殊な、畏怖の念にも似たものを感じている。日本代表への想いは強い。誰にも負けない自信がある。

出場機会は初戦のスペイン戦で訪れた。1対0とリードしていた73分、負傷した宏樹くんに代わり途中出場、残りのグループリーグ2戦で先発。1位突破で進出した決勝トーナメント準々決勝エジプト戦も72分から出場し、3対0の勝利を飾った。準決勝のメキシコ戦、3位決定戦の韓国戦の連敗はベンチで見守るだけだった。そうしてロンドンオリンピックが終わった。

その数日後には、A代表から声がかかった。監督はザックさん。8月15日、札幌で行われた試合には出場しなかったが、気にかけてもらえていることで日本代表を身近に感じられた。そして9月6日の対UAE戦で途中出場し、代表デビューを飾る。場所はアルビレックス新潟のホームスタジアムでもあるビッグスワンスタジアム。駆けつけてくれた家族や友人、アルビレックス新潟の関係者たちの笑顔が、そこにはあった。こうした人たちへの想いが、日本代表への想いを強くしてくれた。

ドイツでの壁。ぶつかりながらの模索

シュトゥットガルトでの2012-2013シーズンは8月18日のドイツ杯からスタートしていたが、僕自身は最初の3試合はベンチ入りもしていない。自分の代わりに出場した選手の活躍は気になる。それでもコンディションを整えることも必要だった。

8月28日のヨーロッパリーグ、プレーオフセカンドレグに出場し、本戦出場権を獲得。シュトゥットガルトでの自分の居場所を再確認できた。しかし、リーグ戦第2節、アウェイでのバイエルン・ミュンヘン戦で1対6と大敗を喫した。先制点を決めたというのにシュトゥットガルトの選手たちは、ギアを入れた強豪相手に腰が引けていた。もちろん相手の

プレスは激しい。ボールを持つと狙われる。その恐怖心からなのか、ディフェンスラインからのパスを受けることすら嫌がってしまうありさまだった。それでも誰かがボールを受けなければ、押し返すこともできない。バイエルンに圧倒され続けた。消極的なプレーしかできない自分への怒りや落胆。そして当然の悔しさ。過去に経験したことのない感情を味わった。

そして、開幕から5試合勝利がなくシュトゥットガルトは苦しいスタートを切る。前季チームの武器だったロングボール主体のサッカーは研究され封じられた。右から攻めるというスタイルは完全に周知され、僕へのマークも自然と厳しくなる。当たりの強いブンデスリーガのサッカーの中で、僕は何度も何度も潰され、ボールを奪われた。

「どうしてこんなに簡単に倒されてしまうのか？」

日本では売りだったはずのフィジカルの強さもドイツではまったく歯が立たない。特に守備。1対1の場面で競り勝てない、かわされる……。球際で戦えない選手に居場所はない。それがブンデスリーガだというのに。

何度もピッチに膝をつきながら、悔しくてたまらず、ドイツで必要な守備について改めて模索し始めた。最初の半年間はとにかく、相手との距離を短く保った。ツッこんでいくような形だ。とりあえずそうすることで、どれくらいの距離を保てば抜かれないのか、ボールを獲れるのかを確認した。どれくらいの強さなら、倒れるのか倒されないのかを探究した。僕が考えるドイツサッカーをガムシャラに体現した。

細かな発見が幾つかあった。

日本とドイツとではプレースピードが違う。

身体に染みついている日本の緩やかなスピードから脱するには、たとえば上下運動のタイミングやパワー、相手と対峙《たいじ》した瞬間の感覚にも変化が必要だった。相手との強いコンタクトを避けるのではなく、あえて身体を当てることで倒れずにボールキープができることもある。ドイツでは当然のプレーができていない僕に事細かに教えてくれる人間はいない。自分自身で気づき、考えて、試し、答えを探していくしかなかった。しかも答えはひとつというわけでもなく、対戦相手や試合状況、チームメイトの特性など、いろいろなことを同時に把握し、最適な方法を見つけなくてはならない。

そして、守備に対する考え方も日本とドイツとではまったく違った。

日本ではボールホルダーに対して、距離を保つ守り方が最適だと学んできた。相手からボールを奪うために不用意に飛びこんでしまえば、スペースが生まれてしまう。そのスペー

スを使われてしまうことを避けるために、飛び込まず、距離をとり、下がりながら相手のスペースを消すというのが日本では主流の考え方だ。

一方ドイツでは1対1の場面で勝負から逃げることは許されない。ボールホルダーに対して、飛び込むようにボールを奪いにいく。しっかりとそこでボールが取れず、不用意なスペースが生まれたとしても、次の次の次のプレーでボールを奪うという戦術がチームに浸透している。そういう戦術的な基本、ベースがあるから、1対1の勝負にも動じずにチャレンジできるのだ。

最近日本でも1対1の重要性が語られ、デュエル（決闘）という言葉も流行った。しかし、単純に1対1でのデュエルに勝てば、すべてが上手くいくわけでもない。たとえばそこでボールをキープできたとしても、次々と相手が現れ、こちらの攻撃を封鎖しようとしてくる。それが欧州のサッカーだ。

自分がここまで培った「日本のサッカー」の強みも意識はするが、それだけではドイツで戦えない。ドイツではドイツのサッカーで戦わなければいけないと気づいた。カルチャーショックのような大きな壁を感じることがなかったのは、そういう小さな気づきを大切にしていたからだろう。

たとえば、監督やチームメイト、僕以外の人たちから見れば、「高徳はドイツの壁にぶつかっている」というふうに感じたかもしれないけれど、僕自身は苦しい時間もすべてポジティブに捉えていた。敗戦や倒されたことの悔しさを感じながら、「だったらどうすればいいのか？」と前を向けたからだ。

岡崎慎司という存在

そういう自問自答、苦悶の日々を前向きに過ごせたのは、オカさんがいてくれたからだ。結果的に2012-2013シーズンはリーグ戦12位と6つも順位を落とした。ドイツ杯決勝でバイエルン・ミュンヘンに敗れたが、ヨーロッパリーグ予選への出場権を手にできた。そんな試行錯誤のシーズンでことあるごとに相談をしていたのが、オカさんだった。

しかしオカさんはこのシーズン終了後、シュトゥットガルトを去り、マインツへ移籍した。シュトゥットガルトへ加入した時、オカさんがすでに在籍しているというのは、僕にとっての安心材料のひとつだった。ただ、書いてきたとおり、日本人の先輩がいる、という程度の安心感だったように思う。しかし、実際シュトゥットガルトへ来てからは、あらゆる

面でオカさんの存在が僕の力になり、海外でプレーして感じるといわれる孤独をオカさんが緩和してくれた。

移籍直後のホテル暮らしから救ってくれたのもオカさんだった。まだ家族が来ていないからと、オカさんの家に下宿させてもらった時期もある。そうなると、クラブハウスや試合での移動時間をはじめ、食事時間やそれ以降のプライベートの時間もずっといっしょだった。

その後、お互いの家族がドイツへ来てからも、ふたりでいることは当然多い（今になって思えば、日本人同士がつるんでいるのは、周囲からは好意的には映らなかったかもしれない）。

シュトゥットガルトに限らず、欧州の選手たちは自己主張が強い。それぞれの選手が自分のプレーに対する自信を漲らせている。監督が描く戦術がそれをまとめることになるが、試合に勝てなくなれば、監督への信頼は薄れ、組織としての働きより個人プレーに走る選手が次第に増え、さらに勝てなくなってしまう。そんな悪循環に陥ったチームの一員として戦う毎日は自然とストレスが溜まるものだ。日本人の中でプレーし続けてきた僕には、自己中心的なチームメイトのプレーが理解できない。自分の力のなさを痛感しながらも、どうしても不満を口にせざるを得ない時もあった。

「そうやな。高徳の気持ちはわかるよ」「そやけど、こうも考えられる」

そばにいるオカさんの言葉に何度も救われた。溜まったガスが抜けるという感じだ。

お互いがそうやって支え合う時間を過ごしていたのかもしれない。同時にオカさんが抱えているストレスにも気づいていた。シュトゥットガルトの強力なストライカーたちは、確かにゴールを決めるが、守備の仕事では手を抜くことも多かった。その負担を全部背負うようにプレーしていたのがオカさんだった。守備に奔走し、中盤に下がりボールの中継地点として身体を張る。大敗したバイエルン戦でも、下がってボールを受けようとしたオカさんがボールを奪われ失点している。でも、オカさんのそういうプレーがなければ、チームは成立しなかった。しかし、そのぶんオカさんは得点から遠ざかり、得点数という「結果」で上回るライバルたちにポジションを奪われることが続いていた。

「生意気かもしれないけど、今シュトゥットガルトでのオカさんは、代表でのオカさんとは違うなって思います。なんでもやろうとする姿勢はすごいと思うし、それができるオカさんもすごいと思う。でも、僕が好きなのは、ゴールを決める岡崎慎司だし、貪欲にゴール前で勝負するオカさんなんです。確かにオカさんが僕の前まで下がってプレーしてくれ

るのは、チームメイトとしては助かるけど、やっぱりダイビングヘッドで泥臭いゴールを決めるオカさんを見てるほうが好きだし、それがオカちゃんだと思うんですよ」

ある日、僕がそういうとオカさんは、「高徳のいうことはよくわかる。でも俺はゴールを決めるだけの選手で終わりたくはないから」と答えた。ゴールを決めることに対する欲がないわけじゃない。しかし、身体能力で勝る欧州のライバルと勝負するためには、ライバルができない「守備」という武器も磨かなければならない。ゴールだけじゃない、守備だけでもない、運動量だけでもなく、すべてを兼ね備えなければ生き残れない。それがオカさんが欧州で戦いぬくうえでの意地と覚悟なんだと感じた。

葛藤する先輩の背中を見ながら僕自身は前へ進むことができた。

ドイツでどんなふうにプレーすべきかと模索する僕にとって、オカさんの言葉は重要なアドバイスとなり、僕に勇気とパワーを与えてくれた。海外では、自問自答しながら答えを探し、自分自身を奮い立たせなくちゃならない。たとえば、日本に居れば、チームメイトや指導者など相談する人の数は多いが、海外ではそういうわけにはいかない。しかし、僕にはオカさんがいてくれた。

オカさんの家族にもお世話になったし、若い僕が失礼な物いいをした時には「高徳、それは違うんじゃないか」と叱ってくれたこともある。兄弟のような付き合いをしてもらえたことへの感謝は大きい。オカさんのいないシュトゥットガルトで孤独を痛感したし、その後、移籍したハンブルガーSV（以下ハンブルク）で、（伊藤）達哉という日本人の後輩ができたことで、当時のオカさんの気持ちを考えるようにもなった。それはまるで親になって初めて親の気持ちがわかる……そんな感覚かもしれない。

「高徳と会うまでは、後輩と絡むのが苦手だった。高徳に会ったおかげで、後輩を見る目が変わった」

いつだったか、そんなふうにいってもらえたことがある。僕との出会いだけでなく、オカさんの立場が後輩から先輩へと変わったことも大きいはずだ。それでも僕は素直に嬉しかった。

マインツへ移籍した岡崎慎司は、2シーズン連続で二桁ゴールをマーク。日本人ストライカーとしてドイツで輝いた。そして、プレミアリーグへ渡り、なんとリーグ優勝を飾る。それでも今なお、オカさんの苦闘は続いている。それは常に現状よりも上へ進化したいと願うからこその戦いなんだと僕は思う。チームメイトとして過ごした時間はわずか1年半

だ。しかしその時間はとても濃いものだった。初めての欧州チャレンジという時期にオカさんがいてくれたことは、僕のキャリアにとって非常に幸運なことだった。

降格争いと移籍

そんなオカさんがいなくなってから、僕のブンデスリーガでのサッカーは、困難の連続となった。

それを象徴しているのが、2015年8月9日のドイツ杯1回戦かもしれない。

僕は、ハンブルクへと移籍をしていた。その最初の試合だった。

対戦するのはブンデス4部のFCカールツァイス・イェーナ。そんな相手にリードされ94分になんとか同点弾を決め試合は延長戦へ。しかし延長後半開始早々に失点し、ハンブルクは3対2で敗けてしまう。僕はその3失点すべてに関与した。シュトゥットガルトから移籍加入し、いきなりの大失態だ。思うように身体が動かず、サッカー選手、アスリートと呼べるプレーができなかった。

「どうしたんだ。高徳。以前のお前はこんな選手じゃなかっただろう」

シュトゥットガルトで2013年秋まで指揮を執り、その時の僕を評価してハンブルクに誘ってくれたブルーノ・ラッバディア監督は、驚きと落胆が入り混じった表情で、僕に聞いた。

「僕にもわからない。ただ、昨シーズン途中から僕はおかしくなってしまった」

数カ月間の日々を思い起こしながら、言葉を発するだけで僕は精いっぱいだった。

2013-2014シーズンのシュトゥットガルトは開幕4連敗となり、監督が解任された（それが、先のラッバディアだ）。しかしウィンターブレイク明けにはさらに8連敗を喫すほど迷走していた。ブンデスリーガで初めての降格争いは苦しかった。なんとかフーブ・ステフェンス監督のもとで凌《しの》ぎ、15位で残留に成功。しかし、新しい監督とともにスタートした翌2014-2015シーズンも12節で最下位という低調な状態が続き、またもや監督が交代。再びステフェンスが指揮を執ることになったが、徐々に僕の出場機会は減っていった。2015年3月13日、0対4と敗れた対レーバークーゼン戦以降、9試合連続で出場がなく、シーズンが終わる。

2シーズン連続での降格争い。チームの力になりたいと思っているのに、そのチャンスがない。虚しい時間が続いたが、サッカーへの情熱を維持しようと頑張った。まるでサッカーにしがみつくような感じだった。僕からサッカーを取り上げないでくれ、と。けれど、その気持ちが状況を好転させてくれることはなかった。どんなに奮い立たせようとしても、気持ちが萎《な》えてしまう。初めての経験だった。

「トレーニングでの姿を見ていると俺の知っているお前じゃない。だから起用できない」

試合に出られない理由を問うとステフェンス監督はそう言い切った。日本では監督と選手との距離は遠いが、欧州では選手が監督に起用法について質問したり、戦術面で意見交換することは当たり前の風景だ。僕は監督の答えに納得していなかった。守備的な選手を起用するために、僕の出番がなくなっていることは明らかだったし、僕が出れば勝てる試合もあったと思っていた。言い返すことはしなかったが、それはなにを話しても無駄だと感じていたからだ。1年前から変わった（後退した）つもりは一切ない。腹立たしい気分だった。

「わかりました。監督の思う姿に戻れるように頑張ります」

そういっただけだった。しかし、冷静になってみると、監督の言葉に新たな不安が芽生える。

もしかしたら、僕は監督がいうとおり、去年の僕とは違っているのか？　自分のほうができると思っている僕は本当の自分の姿が見えていないだけなのか？　そんな迷いを打ち消すように練習で全力を尽くしても状況は変わらない。いったいどうすればいいのか。これ以上なにをすればいいのかと、悩んだ。すべてを抱え込み、ひとりで解決方法を探さなくちゃいけない。

「わかってくれない監督が悪い」「これ以上、いったいどうしろというんだよ」

腐っちゃいけないと頭ではわかっているものの、心は次第に投げやりになっていく。怪我人が出れば、試合に負ければ……と不幸が起きれば、チャンスが来るかもしれないというひどい感情を抱くこともあった。そんな思考だったからか、試合に負けてもメンバー変更はなかった。

「もうしょうがないよ」

そう思うと楽になれた。

「俺、やること全部やっているし、それでも試合に出られないんだから、もう無理だよ」

降格争いをし始めると、移籍を口にする選手たちが現われる。クラブへの忠誠心よりも自分のキャリアを考えてのことだった。現役としてプレーできる時間はそれほど長くはない。そして、移籍をするなら、いち早く行動をとるほうが優位だと思うのだろう。それは移籍が盛んな欧州サッカー界では、どんなクラブでも見られる光景だ。

試合に出られない当時の状況で、僕自身も移籍を考えることが確かにあった。それはシュトゥットガルトにはもういられないんじゃないかと思ったからだ。ここに自分の居場所はないだろうと。

最終節に勝利し、14位に入り、そのシーズンもまたギリギリで残留を果たした。ステファンスが再びチームを去ることは決まっていた。そして、クラブの上層部が「チーム改革」を謳《うた》い、スポーツディレクターが新たに就任した。スポーツディレクターとは、日本でいうところの強化部長、ゼネラルマネージャーのことだ。監督を決めたり、選手の編成などを担う。そのスポーツディレクターがクラブ再建を理由に、高額年俸の選手や移籍金が獲得できる選手を放出するとメディアに話し、放出リストが新聞に掲載される。

そこには僕の名前もあった。

サッカーからの逃亡と反動

「移籍」を考えてみたことはある。しかし、実際にクラブから不必要だと明言される、しかもメディアによってそれを知らされたことでの動揺は小さくなかった。選手を商品として考える人間がいても不思議ではない。保有する選手の価値を判断し、売り払うことで収入を得るのもクラブ経営のひとつのあり方だ。そういうことはわかっていたが、新任のスポーツディレクターの振る舞いを理解できなかった。

試合出場機会を失いながらも、折れかかった心を支えたのは、チームのため、残留のためにという忠誠心のような感情だったが、クラブはそれに誠意を示してくれることもなかった（僕にしてみれば）。そんな理不尽な現実は、一気に僕からサッカーへの情熱を奪うほどの衝撃を与えた。

シーズン終了直後には日本代表の活動があったため、そこまではなんとか気持ちを繋いだ。コンディションに厳しいヴァヒド・ハリルホジッチ日本代表監督の前でひどいプレーは見せられないと踏ん張った。

２０１５年、６月。

代表戦が終わると、心底サッカーから遠ざかりたいと思った。プロになって以降、コンディションのことを考えて、オフであっても毎日身体を動かす自主トレーニングをやってきたし、食事への気配りも続けていたが、それすらもどうでも良かった。食べたいものを

食べ、飲みたいものを飲んで、友だちと会い、家族と時間を過ごした。そうして、サッカーに関わるものすべてを投げ出した。クラブから課せられたトレーニングメニューも一切消化せず、「リフレッシュ」の名のもと、自堕落な日々を送った。

移籍することを決め、代理人に移籍先を探してもらったが、なかなか朗報も届かない。シュトゥットガルトでのトレーニング始動日に合流する予定だったが、移籍を理由にドイツへは戻らなかった。

「ハンブルクでいっしょにやらないか？」

そんな僕のもとに、1本の電話があった。その夏ハンブルクの監督に就任したブルーノ（・ラッバディア）だった。オファーは嬉しかったし、すぐにイエスと答えたが、「じゃあ、明日にでもハンブルクへ来てくれないか？」という提案には即座に応じられなかった。まったくトレーニングを行っていない状態で、新天地へ向かうわけにはいかない。「4、5日の間、時間をくれませんか？」とお願いし、日本で走り込んだあと、ドイツへ向かう。そして、7月5日、正式にハンブルクへの移籍が決まった。

トレーニングを休んだのは代表解散後のわずか数週間くらいのことだったが、それ以前、シュトゥットガルトでのシーズン終盤にメンタル面での安定感を失っていた僕は、数カ月以上もの間、トップアスリートとしての準備ができていなかったことになる。それをわずか、4、5日の走り込みで埋められると考えていた僕が、自分の過ちの大きさを思い知ったのは、ハンブルクでのキャンプが始まってすぐのことだった。

とにかく、身体が重く、動けない。頑張ろうという気持ちに応えられない自分がいた。よく試合に出場していないと試合勘が落ちるといわれるが、その時の僕はプロアスリートとしての感覚すべてを失っていたのだろう。崩れたコンディションは身体だけでなく、精神面も同じだった。

それでもブルーノは僕を先発組で起用し、期待を寄せてくれていた。自身がラブコールを送った選手が無様なプレーを続けていることで、彼を悩ませていたに違いなかったが、シーズン初戦となるドイツ杯での先発メンバーとして僕をピッチへ送り出した。

しかし、その期待に応えることもなく、逆にそれを裏切ってしまう。

「サッカーから逃げてしまい、不摂生したツケが回ってきた。頭では頑張ろうと思っているのに……」

僕の説明を聞いたブルーノがいう。

「いいたいことはわかった。お前のコンディションが戻れば、またいっしょにやっていこう。でも、今のお前のプレーは見ていられるものじゃない。私は高徳のクォリティを知っているし、コンディションが整えばそのクォリティを発揮してくれると信じているけれど、今はもっといい選手がいるから彼を起用する。お前はゆっくりでもいいから、コンディションを戻せ」

諦めたらそこですべて終わる

僕の代わりに出場した選手がフィットした新しいチームが走り出した。僕は、ずっとベンチに座っているだけだった。次第にコンディションは上がり、元に戻ってはきたけれど、出場機会は訪れなかった。それはシュトゥットガルトでの日々と変わらない。しかし、あの時と違うのは、この現状を招いたのは自分自身だと理解し納得していたことだ。

サッカーから離れたい、リフレッシュしたいと自暴自棄になってしまったことで、コンディションを崩し、出場チャンスを失った。これは逃げた自分に与えられた罰だ。次のチャンスが来るまで、しっかりとそれを噛みしめなくてはならない。だから焦りはなかったし、今まで以上に真摯にサッカーと向き合いたいという欲や熱が、僕を支えていた。一日も無駄にはできない。「そのタイミングが来るまでは報われない」こともわかっていた。サッカーに背を向けることで受ける仕打ちはそんなに甘くはない。

「練習ですごくいいプレーをしているし、補強として移籍してきた選手の中で、高徳だけが試合に出ていないのは、おかしいよ」

ベンチに座る僕に、チームメイトがそんなふうにいってくれることもあった。彼らは僕が犯した罪を知らない。それでも、仲間に認めてもらえているようで嬉しかった。

「ありがとう。俺はチャンスが来るのを虎視《こし》眈々《たんたん》と待っているから」と笑顔で返す。

「大丈夫だよ、高徳がサッカーと向き合ってきちんとやっているのは知っている。絶対にチャンスは来る。それが来さえすれば、お前はチャンスを掴むよ。不安はまったくない。お前がやっていることは間違いないから」

僕のことを信じてくれる温かい言葉が僕を立たせて、背中を押してくれる。

10月3日、第8節対ヘルタ・ベルリン戦で、左サイドバックとして途中出場したものの、その後も出場機会はなかった。そして1カ月後、11月7日、第12節対SVダルムシュタット98戦、右サイドバックを務めていた選手が負傷したことで、僕に出番が巡ってくる。ド

イツ杯から3カ月が経っていた。

その試合を1対1で引き分けると、続く11月20日ドルトムントをホームに迎えた一戦で3対1と勝利。2位の強豪を11位のハンブルクが破ったことで、フォルクスパルクシュタディオンを埋めた6万人近いサポーターは歓喜した。その中で、僕は失っていた自信を取り戻せたことを実感していた。そしてそのまま、右サイドバックのレギュラーポジションを手にする。

やっとチャンスが訪れた。今だよね、絶好のタイミング。これを待ち続けてきたんだから、やるしかない。僕の力を見せるだけだ。

ピッチに戻り、動じない自分に気づいた。

人生もサッカーも、チームも僕のプレーも、いつも良いことばかりではない。上手くいかない時、悪い時期だって当然ある。以前ならひとつミスをしてしまうと、それに動揺してしまい、さらなるミスを重ね、パニックになるようなこともあった。勝てない試合が続くと不安症に陥り、ネガティブなことばかり考えてしまい、マイナス思考に囚われてしまったりしていた。

僕はどちらかといえば、プレーのよし悪しに波がある選手だと思っていた。しかし、ハンブルクへやってきてからは、プレーに安定感が生まれた。試合中に失敗しても、状況を冷静に判断し、同じミスを繰り返さないようになった。前半が悪かったとしても、後半にはパフォーマンスの質を取り戻せるようになった。

それは、苦しい時を味わいながらも、強い芯を持ち、ブレずに待ち、自分がやるべきことをやり続け、自信が生まれ、メンタルが鍛えられた結果だ。

どんな状況に立たされても、逃げてはいけない。僕はそう思い知った。

チャンスはいつ来るかはわからないけれど、それが訪れるまで諦めない人間にしか、チャンスは摑めない。それが明日なのか、1週間後なのか、1年後なのか3年後なのかはわからない。もしかしたら違うチームなのかもしれない。でも、その時まで、自分を信じて諦めずにやり続けて、チャンスを摑める状態を維持し続けなければ、チャンスを逃してしまう。ハンブルクへ移籍し、再スタートを切ったあと、僕はずっとそれを自分にいい聞かせてきた。

自分が蒔《ま》いた種だと納得していても出場のない日々が続けば、投げ出したくなる時もあった。でも「今やめていいのか。もしかしたら週末にチャンスが来るかもしれないじゃないか」と自問自答を繰り返す。諦めるわけにはいかない。しかし、また試合に出られないと、不安にもなる。「来週もチャンスがなければ、もう諦めよう」と考えても、その試合で怪我人が出て、「代わりに高徳が行け」となった時、準備ができていなかったらどうするんだと思い直す。「じゃあ、準備するしかないだろう。最後のチャンスを掴むなら、今やるしかない」

試合に出られない間、ずっと強い気持ちを持ち続けていたわけじゃない。すべてを尽くし、力尽きて倒れそうなこともある。それでも「いや、土曜日まで頑張ってみよう」と立ち上がる。その繰り返しだった。それでも諦めずにやってきた。自分を奮い立たせて戦ってきた。だから、チャンスを掴めた。

ハンブルクで、試合に出られない若い選手に相談されるといつも話すことがある。

「今苦しいかもしれないし、今チャンスがないかもしれないけれど、お前がやめた時点でそのチャンスは本当になくなってしまう。でも、お前が諦めずに最後まで自分を信じてやっていったら、チャンスが来た時にそのチャンスを掴める状態にいるから」

僕はシュトゥットガルトで試合に出られなかった時、それに気づかなかった。だから逃げ出した。だからサッカーから離れようと思ってしまった。しかし、ハンブルクへ来て、試合に出られるまでの間、本気でやり続けたからこそ、僕は学べた。

諦めたら、そこですべてが終わる、と。

これはサッカーの神様がくれた試練だったんだと、今は思える。

キャプテン就任

2016年11月17日、僕はマルクス・ギズドル監督から、キャプテンに指名された。成績不振により、監督交代をしたものの5試合未勝利で、10節を終えた段階で最下位だったチームを変えたいという監督の意向の表れだった。

「高徳はチームのために、倒れるまで走り続けるハードワークができる。チームメイトにも正直で誠実。積極的にコミュニケーションをとれる。100パーセントのプロ意識を持ち、どの選手にとってもお手本になる選手。強固なチームワークを作るうえで必要なキャプテンなんだ」

僕のキャプテン指名に驚くメディアに対して、監督はそんなふうに説明している。

130年余りの歴史を持つ古豪といわれる名門クラブで、ドイツ語も流暢《りゅうちょう》に話せない日本人の僕がキャプテンになることは、異例中の異例だった。

チームが立たされている状況を変えるために「高徳が必要だ」といってもらえたのは素

直に嬉しかった。僕が大切にしている「常に100パーセントを尽くす」という姿勢が評価されたのだから。

幸い、チームメイトはもちろん、サポーターやメディアからもキャプテンとして受け入れてもらえた。

僕はゴールを決めるとか、そういう目に見える結果でチームを助けられるタイプのキャプテンではない。ただ、「チームのために」ということを第一に考え、毎日コツコツとトレーニングし、仲間とコミュニケーションを深めようとしてきた。それを認められてキャプテンになったのだから、なにか新しいことをする必要はないと考えていた。

なんだかこう書いていくと、「ダブルの壁」に悩んでいた過去の自分とはまったく違う人間になったなと感じる。不思議なものだ。

日本人は、組織の中においての自己犠牲を当然のこととして受け入れられる。一方、自己主張が強い海外の選手は、自分中心に物事を考えがちな一面がある。「こうすれば、仲間の良さも引き出せる」と考える日本人と違い、海外の選手は「僕はこうしたい」という欲が強い。時にはまったく努力もせず、自分のほしいものだけを手に入れようとする選手も少なくはない。

　自己主張も貪欲さも競争社会を生き残るうえでは大切なことだし、厳しい競争が繰り広げられる欧州サッカー界では、それがないと埋没しまいかねない。しかし、そういう選手だけでは組織は動かない。「自分を犠牲にしている」ということを強調するわけではないが、自分のキャリアや活躍よりも「組織のため」「チームのため」に汗を流す日本人の美徳を素晴らしいと僕は思っている。

　そんな日本人としての性質がキャプテン就任へと繋がったのかもしれない。

　そして、僕がキャプテンとなって以降、3勝2分2敗、順位も16位と、入れ替え戦圏内まで上昇し、ウィンターブレイクを迎えた。

もうひとつの変化、ボランチ

　ギズドル監督は僕をキャプテンにしただけでなく、ボランチでも起用した。ポルトガル語で「ハンドル」という意味を持つボランチは、守備的ミッドフィルダーとして、ディフェンス陣の前、ピッチ中央に立つ。ボールを触る回数も多く、攻守にわたり、ゲームコントロールにも大きく関与できる。ここでの仕事を「面白い」と感じる選手も多い。僕も楽しいと思っていたけれど、それは新しい仕事に対しての挑戦という意味での楽しさであり、面白さだ。「このままボランチとしてやっていきたい」というような欲は一切なかった。当時も残留争いを続けていたハンブルクがいかに勝ち点を得られるか、どういうプレーをすれば、チームが勝てるのかがすべてだった。

日本では「フィジカルの強さを活かした激しい守備が評価されて、ボランチに起用された」という受け止められ方をされていたようだが、実際は違っていた。そういう厳しい守備は他の選手でもやれる。だから、僕はそれを助ける仕事をした。誰よりも走り、1対1の局面をサポートし、2対1にする。サイドバックとして「助けてほしいな」と感じる場面でサイドバックを助ける。チーム全体を見て、試合状況を把握して、バランスをとるために走る。ボールをもらい、それをさばき、攻撃にもどんどん絡んでいく。どうすれば、チームが回るのかを考える。

それはボランチだからというわけでなく、サイドバックの時も同じだ。残留するために、勝ち点を得るために、組織の駒として与えられた仕事に邁進《まいしん》する、ただそれだけだった。そのうえで、考えることは、僕にとっての武器だ。技術的にも、フィジカル的にもドイツでは秀でた選手ではない。どうすれば上手くいくのか、どうすれば、良くなるのかを考える。

こういう「サッカー脳」、インテリジェンスの高さを欧州で生き残っている日本人は持っていると思う。それは組織での規律を大事に育てられたからだと思うし、身体的に劣るライバルを上回るには、考えることしかないからだ。

子どもの頃の僕は、別に戦術家でもなかったし、分析家でもなかった。戦術眼が高いタイプの選手ではなかった。けれど、上のレベルに挑戦するたびに、考えることの大切さを知る。同じ走力、運動量であっても、考えなしにただ走るのと、考えたうえで走るのとでは、チームや試合に与える効果はまったく違う。チームのために、チームメイトのために、勝利のために……必要とされる選手であるためには、考えなくてはいけない。フォワードからサイドバックへ、サイドバックからボランチへ。こうした変化の中で学んだ意識だ。

その意識はドイツへ来て、必然的に高くなった。

時差を気にすることなく、欧州各国の試合をテレビで観戦できる環境も僕の「考える力」を鍛えてくれているのかもしれない。観る時は「サッカーを楽しんでいる」というスタンスではない。試合結果もそれほど気にはならない。僕のサッカー観戦は学びの時間だ。昔から先輩のプレーを見て「盗みたい」「真似をしたい」と感じてきたが、その延長線なのかもしれない。ただ観察するポイント、感じることが増えた。子どもの頃はボールを扱う技術に注目していたが、今はボールのないところでのポジショニング、オフ・ザ・ボールの場面に意識が向かう。テレビ観戦では限界があるけれど、ボールから一番遠い位置にいる選手が気になる。ゴールシーンでもシュートを打った人間よりも、ボールを持たない選手の動きによって、生まれるスペースに「ここが見えていたのか」と感動する。

ピッチに立つ選手の思考を真似したいということなのかもしれない。

ピッチで起こっているあらゆる現象、選手を観察し、どうすべきかを考える。それが大切だ。考えが止まった時、僕のサッカー人生も終わると思っている。

落ちないクラブでのプレッシャー

2018年5月18日、フォルクスパルクシュタディオンにある大きなデジタル時計が止まった。ブンデスリーガ1部在籍時間を印した時計は54年262日36分20秒を示していた。

ハンブルクは、ブンデスリーガ発足以降、一度も2部に在籍したことのない唯一のクラブだ。上位争いできるわけではないが、つねに1部にいることを誇りに感じているサポーターは多い。18チームで戦うブンデスリーガでは、16位が2部3位との入れ替え戦をし、17位、18位の2チームは自動降格する。

2013-2014シーズン以降毎シーズン、残留争いを戦い、二度入れ替え戦を経験しながらも降格することなく、その時計は動き続けてきた。

残留しても、また降格の崖っぷちに立たされる。その繰り返しで、なかなか安定した成績が残せない。歴史ある港町ハンブルクはドイツ第二の大きさを誇り、メディアも多く、クラブには常にさまざまなプレッシャーがかけられている。そのせいなのかはわからないが、勝てなくなるとすぐさま監督が代わる。

その結果、時間をかけてチームの土台を作ることができない。消極的な「負けない戦い方」を強いられ続けると、選手も伸びないしチームも成長はできない。残留できた安堵感を抱いたまま、新しいシーズンに挑んでもまた苦しい試合が続く。それはクラブに危機感が根づかないからなのか？　1部に残留し続けた歴史と誇りは、プレッシャーにもなるが、どこかで緩みを生んでいるのか？

僕が加入した2015-2016シーズンは10位でフィニッシュしたものの、入れ替え戦を戦う16位フランクフルトとのポイント差はわずか5ポイントだった。

翌2016-2017シーズンは、開幕以降5試合勝ち星がなく、ブルーノ・ラッバディアがチームを去り、マルクス・ギズドルが監督に就任したが、その後7試合勝てなかった。僕がキャプテンに就任して、少し盛り返したかに思われたが、終盤5連敗し、負ければ事実上降格が決まる33節のシャルケ戦を迎える。

アディショナルタイムで同点に追いついた直後、ゴールを決められた。もう終わったと思った瞬間、オフサイドの判定でそのゴールが取り消され、残留の可能性を残す。そして、最終戦に勝利し、勝ち点差1で降格を免れた。

「クラブを初めて降格させたキャプテンになるのではないか?」という恐怖感に似た想いを抱いてシーズンを戦っていた僕は安堵感に涙が止まらなかった。しかし――、1年後その現実に直面することになる。

忘れられない瞬間、2部降格

2017-2018シーズンは開幕後2連勝したが、その後8試合勝てず、前半戦は4勝3分10敗の17位だった。この間僕は数試合、先発から外されている。

「お前のパフォーマンスが安定しなかったから、若い選手にチャンスを与えたい」

ギズドル監督の言葉に黙ってうなずいたが、心底、納得していたわけではなかった。確かに監督のいう試合ではミスも目立った。

しかし、練習で誰よりも良かった時でさえ、ベンチスタートになる。「どうして高徳が出ないんだ」といってくれる仲間の声を僕は遮った。自分が練習でアピールできていると思っても、監督がそれを認めるまで、黙ってやり続けるしかない。それでも、「ロングボールのこぼれ球を拾ってくれ」という指示で出場した試合のあと、「ディフェンスラインからのパスを受けなかった」と指摘されることもあった。指示通りのプレーを非難されたのだ。

先発で起用されないのは、2018年夏で満了する契約の延長オファーに僕がサインしていないことも影響していたのかもしれない。欧州では「来季チームを出ていく選手はチームのために戦えない」と思われることがある。だから契約の残っている選手を優先して起用する。そのせいで僕が干されたのかどうか、真相はわからない。

しかし、過去に延長オファーにサインしないことで干された選手を何人も見てきた。不可解な先発落ちの理由がそれだとしても不思議はない。けれど、契約期間の長さにかかわらず、チームに対して100パーセントの忠誠を尽くすのは、僕の流儀であり、それはプ

レーでも表現している。なによりも、「キャプテンとして降格させたくない」と思っていることは、当時のスポーツディレクターにも伝えてあった。それでも起用されないのなら、されるまでやり続けるしかないと覚悟を決めた。自分が出た試合で負けていなかったことも僕を強気にさせた。

後半戦開幕後2連敗し監督が交代すると、僕も先発に復帰する。しかし7試合勝てず、60日足らずで、クリスティアン・テイッツが新監督に就任した。バイエルン・ミュンヘンに0対6と大敗を喫した直後のことだ。

1シーズンで3人目の監督となったクリスティアンは、ハンブルク・セカンド（ブンデスリーガ4部に所属するセカンドチーム）の監督を務め、結果も残していた。チームや選手の状況を把握している人物だったが、戦術が浸透するまでの時間が必要だろう。戦術家としてドイツでも有名な彼のサッカーは非常に細かいものだった。

残留を果たした過去の2シーズンに比べると、「勝てるタイミングで勝てない」という感覚があった。バイエルン戦前のマインツ戦は、いい内容で戦えた。新しい監督のサッカーが定着し、手ごたえを掴みかけていたが、結局は0対0で試合を終えた。いい形ができていても、結果が伴わない。するとどうしてもチーム内に不安や不満が生まれ、疑心暗鬼になってしまう。

ひとつ勝ちさえすれば、チームに自信の火がつく。たとえ連勝できなくとも、勝った時のやり方がチームの強みとして残る。自分たちの形が持てると軸ができる。それを掴めそうな良い試合をしても、勝てなければ、確信は持てないし、自分たちを信じることができない。

前年の、2016-2017シーズンは、第20節で2位のライプチヒにアウェイで勝利している。降格争いをするチームが、ホームで負けなしだった相手に初めて土をつけた。この試合は、セットプレーで手にした2点をガチガチに守り、カウンターで3点目を決めて、0対3で勝った。決して内容的に良かったわけではないし、自分たちのサッカーでもなかったが、とにかく泥臭く戦い、勝利できたことで、「これなら勝てるんだ」というのがわかり、それがベースとして、チームに根づいた。このことが、その後の残留に大きな影響を及ぼしたと思う。そのくらい結果というものが持つ意味は大きいのだ。

しかし、2017-2018シーズンはそういう試合がなかった。内容がいいにもかかわらず勝利できないのは、単に運がないだけなのかもしれない。勝つか負けるか、その結果の違いをもたらす要因がわからない。

そういう状態での監督交代には、正直不安があった。しかも好成績を残しているとはいえ、4部での指揮が1部で通用するのかと。しかしそんな僕の不安は杞憂《きゆう》に終わる。

交代後の第1戦は落としたが、その後引き分け、勝利と上昇の兆しを掴む。戦術家の監督を迎えたことで、チームに背骨が生まれた。もう時間は少ない。待っていても時計は進む、試合はやってくる。

不安や不満、言い訳を抱えて止まるのではなく、「現状を変えなくちゃいけない」という覚悟や責任感を持たなければならないとチーム全体が奮起する空気があった。そうした時、監督が掲げる「戦術」が軸になったのだ。2017－2018シーズンで初めての一体感が生まれた。もう少し早くこの監督と出会えていれば……。そう思わなくもなかったが、それを考えてもしょうがない。

監督交代後、上位クラブに1敗したものの、降格を争うチームとの直接対決で連勝し、残留の可能性を繋いだ。残りも連勝できれば、自力で残留が可能だ。しかし、33節フランクフルトに0対3と完敗。最終節、勝利しても、16位のヴォルフスブルクが勝利すれば降格が決まる状況に追い込まれた。

2017－2018シーズン最終節、ホームにボルシアMGを迎えた一戦。11分に先制したものの、28分に同点に追いつかれた。しかし、63分に勝ち越し弾が決まり、2対1とリードする。ピッチに立っている僕自身は、ヴォルフスブルクの結果をあまり気にはしていなかった。

彼らが勝つにせよ、負けるにせよ、僕らが勝たなければ意味がないからだ。71分には退場者を出したため、とにかく守り切ることだけを考えていた。

そして迎えたアディショナルタイム。サポーターが発煙筒をピッチへ投げ込み、試合が中断する。わずかでも在籍時間を伸ばしたいという想いだったのかもしれないし、ヴォルフスブルクの試合経過で降格を確信したからか。理由はわからない。

ヴォルフスブルクが4対1と勝利したことを知ったのは、その中断中だった。15分あまりの中断時間。暴徒と化した一部のサポーターを諌《いさ》めるようなチャント（歌）が、スタンドで歌われる。もう、1部在籍時間を示す時計が止まることが決まったにもかかわらず、試合を見たい、勝利を讃えようというサポーターがたくさんいることが伝わってきた。

ハンブルクの練習はスタジアムの裏手のピッチで行われる。練習には毎日熱心なサポーターが足を運んでくれる。スタジアムにあるロッカールームから練習場へ向かう途中、そんなサポーターたちが声をかけてくれることも多い。

移籍当初試合に出られない時も、キャプテンを務めるようになってからも、そして、試合に勝てない時も「期待」を込めた彼らの想いがその言葉にはあった。ボルシアMG戦前には2000人近い人が集まり、僕らをあと押ししてくれていた。

「50数年の歴史を止めるのか！」

残留争いを続けるチームへ活を入れようと厳しい声が飛ぶこともあった。歴史を押しつけられているようで苦しみが増した。厳しい重圧に、彼らが愛しているのは過去だけなのかと思うことすらあった。

しかし、勝利したにもかかわらず、降格が決まり、顔を上げることができない選手に、スタジアムを埋めた多くのサポーターがエールを贈ってくれた。過激なサポーターは目立つ。しかし、普段は目立たない数多くのハンブルクを支えてくれる人たちの愛情が、時計の止まったフォルクスパルクシュタディオンに溢れていた。

僕はクラブを初めて2部に落としたキャプテンとして、ハンブルクの歴史に名を残すのだろう。申し訳ないという気持ちしかない。

もっとできたことはあったはずだ。あのパスを、あのポジショニングを誤らなければ、勝てていたかもしれない。

しかし、もう時計は戻せない。これからで示していくしか、残された道はないのだ。

「ハンブルクとともに2部へ行きます」

僕は試合後の取材で、そう宣言した。

第4章

chapter 4

代表

「代表を引退」とはいっていない

「個人的には、もう4年後は目指さない。今決めました」

広いミックスゾーン。ロッカールームに近いエリアでは、試合に出場した選手を囲む記者の輪がいくつかできている。その試合に出なかった僕を囲む記者の輪はそれほど大きなものではなかったけれど、彼らの表情が驚きに変わった。

「4年後のワールドカップを目指していくうえで……」

確かそんな質問だったはずだ。それに対して、目指さないと答えた僕の言葉を拾うように質問が続く。その頃すでに長谷部誠さんや本田圭佑さんが代表引退を明言していた。

「引退……というふうには書いてほしくはない。長谷部さんや圭佑くんと僕は違いますから」

ハセさんや圭佑くんは日本代表に多大なものを残した。「結果」として。でも僕は？なにも結果を導けていないという想いがある。だから僕は引退という言葉を使う立場にないと考えていたのだ。

振り返ってみても、冷静だったと思う。そして、迷いなくそう告げたことで、ストンと気持ちはさらに落ち着いた。日本代表を退くことをずっと考えていたり、悩んでいたわけでもない。呆気《あっけ》なく試合が終わり、ワールドカップロシア大会の終幕を迎え、ロッカールームへ戻り、シャワーを浴び、仲間と言葉を交わした。長くともに戦った選手たち、ずっとその背中を追いかけてきた先輩たち。ライバルと呼ばれる選手ら、そして若い代表選手の表情や佇《たたず》まいを感じていた。日本代表というグループにいること。そこで戦い続けた8年間の自分自身のことを思った時、「次の4年間」をイメージできなかった。「もういいかな」という気持ちに至った。

その「もういい」というのは、決して軽い気持ちではないし、なにかに流されたわけでもない。ましてや投げやりな想いでもない。ひとつの集大成の場だと目標に掲げ、走り続けた。その場所で僕はなにもできなかった。自分が想像した、思い描いた仕事はできなかった。その悔しさは大きい。でもだからこその「もういいかな」だった。余力を残さず、やれることをやり切ったという想いがあるからこそ、「4年後は目指さない」と決断できた。

後悔も未練も当然ある。だから、この決断は「負けたまま逃げる」ようなものだろう。それは否定しない。でも、27歳の今から31、32歳までの間の自分を考えた時、ここから先は代表としてではない道へとシフト・チェンジしようと思った。

２０１０年大会が終わってから、ふたつのワールドカップを経験した。日本代表のために仕事がしたいと願い、日々を過ごしてきた。それを努力と呼ぶのであれば、その努力は確かに報われなかった。でも、報われない努力もあって当然だ。努力のすべてが報われるほど世の中もサッカーも甘くはない。

でも、その時間、費やした年月が無駄ということはない。自分を信じ、追い込み、重ねてきた時間がたとえ報われなくとも、報われなかった努力に対して、自信を持てることが大事なんだと思う。

だから僕の8年間は、報われないものだったという人がいても構わない。酒井高徳というサッカー選手、そして人間にとってこの8年間に対し、僕は自信を持っているから。

ここではその代表での時間を書いてみたいと思う。

酒井宏樹と蹴った２０１８年へのキックオフ

「宏樹、ちょっとボール蹴るか」

２０１４年6月25日。日本代表のスケジュールはミーティングと、取材対応だけで、トレーニングの予定はなかった。日本代表は、前日の6月24日、ワールドカップブラジル大会、グループリーグ第3戦、コロンビア戦に敗れた。最下位でのグループリーグ敗退が決まり、アルベルト・ザッケローニ監督が率いた日本代表の解散も決まっていた。

帰国準備を進める宿舎で食事を終えたあと、酒井宏樹とふたり、グラウンドに出てボールを蹴った。このチームで宏樹と僕はサイドバックでの控えという立場だった。この時、宏樹が24歳、僕は23歳になっていた。

２０１０年南アフリカ大会でもレギュラーとして戦っていた長友佑都さん。そしてその大会では急きょ先発落ちをした内田篤人さん。このふたりはザック・ジャパンでは不動のサイドバックといわれている存在だった。佑都くんはセリエAのインテルで、篤人くんはブンデスリーガのシャルケ04で活躍し、チャンピオンズリーグも経験している。同じ欧州とはいえ、僕のシュトゥットガルトや宏樹がいたハノーファーと比べれば、インテルやシャルケは格上のクラブ。戦っている日常のレベルにも大きな違いがある。競い合うライバルも強敵だし、チームメイトの能力も高い。まさに欧州トップレベルを体感できる環境でふたりは実績を積み、成長を続けている。それは代表でともにプレーしているからこそ、痛いほどわかる。

もちろんだからといって、彼らに対して怖気《おじけ》づくことはなかった。佑都くんや篤人くんにはない、自分の良さを発揮しようと必死だった。

ブラジル大会では、膝を痛めてメンバー入りも危ぶまれていた篤人くんが間に合い、先発出場を続けていた。膝をガチガチにテーピングで固定しながら、闘志むき出しにプレーする篤人くんの姿には素直に感動していた。僕がサポートメンバーとして参加した南アフリカでの篤人くんの苦闘も、そこから進化する姿も見てきたから。しかし、ふと我に返った時、自分の無力さを思い知る。代表メンバー入りはしたけれど、監督から厚い信頼を得るまでには至っていなかった。まだ膝の痛みがあるはずの篤人くんの代わりになれるという信頼を僕も宏樹も得てはいない。だから、篤人くんを連戦で起用せざるを得ないのだ。想像以上に厳しい現実が目の前にあった。僕自身も「俺が出れば」という強い確信を持てなかった。俺は篤人くんに代わってチームを勝たせることができるのか？　そう思う自分も存在した。誰の代わりにもなっていない。その無力さをもどかしく感じる。ふたりで話したわけではないけれど、きっと宏樹も同じ想いだったに違いない。

敗戦翌日にボールを蹴ったからといって、急に力がつくわけでもない。しかし4年後へという想いがどんどん募り、ボールを蹴らずにはいられなかった。次の大会こそは、日本代表の、日本の力になれる選手に成長しなければならない。そういう覚悟が芽生えていた。

脱・長友佑都と内田篤人

２０１４年９月、メキシコ人のハビエル・アギーレ監督のもと、日本代表は新たなスタートを切る。初戦のウルグアイ戦、僕は後半42分に途中出場。宏樹と交代して右サイドバックに立った。続く９日のベネズエラ戦では同じ右サイドバックで先発。10月、11月の親善試合でも合計４試合先発出場している。９月、10月は篤人くんが怪我で招集されていない。11月は佑都くんが負傷のため未招集で、左サイドバックを務めた。

そして、２０１５年１月、オーストラリアでのアジアカップ。初戦のパレスチナ戦でも先発としてピッチに立った。大会前に篤人くんの負傷離脱が決まり、追加招集されたのはセンターバックのナオ（植田直通）だったから、右サイドバックが本職の選手は僕しかいなかった。自然と気持ちが高まる。しかし、初戦は自分の経験のなさを痛感する内容だった。普段緊張するタイプではない僕が、珍しく緊張した中でキックオフを迎え、初めて戦う相手に対して、受け身になってしまう。前半はすべてのプレーが後手にまわり、ミスも多く、自滅したような感じだった。時間の経過とともに、落ち着きを取り戻すことができ、試合も4対0と快勝で終われたものの、僕にとっては「勝てたこと」くらいしか、評価できる点はなかった。周りの経験ある選手たちが、そのプレーやポジショニング、声などでサポートしてくれた。経験の乏しい若い僕が苦しまないよう、あまりいろいろと抱え込まないようにと、配慮してくれる先輩の存在を強く感じる試合だった。

　アギーレ監督は口では多くを語らないものの、球際の激しさだったり、強い気持ちを表現するプレーをしてくれ、というメッセージを練習の空気で伝えていた。それは、ドイツでのプレーを日本代表でもやってくれ、ということだと僕はとらえていた。

　ボールを使ったゲーム形式のトレーニングも多く、選手の自主性を促すのは、メキシコ人指揮官らしい。型を重視したイタリア人のザッケローニ監督とは異なる変化にチームの雰囲気も変わり始めたと感じていた。

　また、アギーレ監督のメニューからは、サイドを活かした攻撃、たとえばクロスボールへの意識を高めようとする意図も伝わってくる。ショートパスを繋ぎ、中央から崩す力はすでに前監督時代に磨かれたチームだった。そこにクロスボールやミドルシュートなど、新しい武器を備えさせたいということだろう。

グループリーグ3連勝で、日本はUAEとの準々決勝を迎える。僕も4試合連続での先発出場となった。1試合1試合、ただ試合に出るだけじゃなく、向上していかなくちゃいけないと必死だった。日本代表として、大きな大会で先発し続けるのは初めてのこと。だからこそ、試合を重ねるたびにもっと成長したいと思った。

佑都くん、篤人くんというふたりの選手に追いつき、追い越したいという気持ちは、試合に出るようになってから、さらに強くなる。彼らのすごさはそばで見てきた僕はよく知っている。しかし、だからといって、いつまでも彼らをベンチで眺めているわけにもいかない。強い国というのは、次々と若い選手が出て来て、ベテランからポジションを奪っている。日本でもそういうふうに突き上げる存在の選手が登場しなければ、チームのレベルも上がってはいかない。僕と同世代の選手たちは誰もが皆そう思っていたはずだ。

アジアカップで先発として連戦を戦う中で、試合に出続けることの難しさ、大変さを実感した。もちろん日の丸を背負い、重さを感じながらプレーすることの喜びを味わうからこそ、それが容易なことではないと思えた。でも、僕は諦めない。

僕は「酒井高徳だ」という気持ちで戦う。佑都くんや篤人くんとは違う、僕の良さ、僕が考える良さがある。ふたりに負けない良さを武器にして、超えていきたい。

決まるか決まらないか、そこで人生が変わる

日本のシュートは35本。UAEのシュートはわずか3本。ボールポゼッション率は64パーセント対36パーセント。しかし、PK戦の末、日本は敗れた。チームとしても個人としても、決められるチャンスはあったし、決めなきゃいけないシュートもあった。運がなかったといって片づけるのも惜しいほど、この早期敗退で、僕は大きなチャンスを逃した。

1本のシュートが決まるか、決まらないかで、人生が変わる。そんな試合だった。「勝っていれば」というのは、この世界では通用しない言葉だろうが、勝ち上がれば、準決勝、決勝という経験を積める可能性があった。時間を重ねることで、自分の強みをチームに還元できるようにもなってきた。決めてくれればアシストがついたようなパスも出せた。しかし、勝利という結果は残せずに、アジアカップが終わる。ここで結果を掴めていれば、僕の中には大きな自信が芽生え、成長の度合いも変わったはずだ。その土台を築くチャンスを僕は失った。そして、アギーレ監督も日本を去った。

２０１５年3月、ヴァヒド・ハリルホジッチ監督が就任してすぐの親善試合。1試合目は途中出場し、2試合目は先発フル出場できた。しかし、6月は2試合ともにベンチに座ったままだった。シュトゥットガルトで試合に出ていなかったのだから、それもしかたがない。ハンブルクに移籍直後の9月も代表には招集されたが出場はなかった。10月は2試合ともに先発出場。それまで起用されていた宏樹は負傷していた。しかし、11月は招集もされなかった。今度はハンブルクで出場していなかったことが理由だったのだろう。

２０１６年はすべての試合に招集されて、10試合のうち7試合で先発しているが、うち5試合は佑都さんや宏樹が負傷などで不在だった。ふたりの代役という見方をする人も多いだろうが、僕自身はそういうことはあまり考えなかった。

監督が代わったりすれば、選手起用に監督の好みが反映されるのは当然。新しい選手が試されることもあるだろう。もちろん怪我やコンディション不良などで招集を見送られる選手もいる。そんなふうに選手の入れ替えが激しいのが代表というチームだ。その時、もっともいい選手が出場する場だ。だから代役とは思わなかった。

しかもクラブとは違って代表の活動時間は短い。数日間で、「自分にはできる」ということを示さなければならない。アギーレ監督のもとで出場を重ねて、代表で自分がどれだけできるのか、手ごたえもある。起用されれば、代表になにかを還元できる、それをしたいという欲は次第に強くなっていく。ワールドカップロシア大会へ向けて、アジア予選を戦うチームの一員として、ピッチに立ち、自分の手で出場権を掴みたいと思うからこそ、試合出場のチャンスは、無駄にできない。たとえ1本のアシストであっても、インパクトを残すプレーをすることが僕には重要だった。

とはいえ、僕のポジションはディフェンダー。わかりやすいアピールとなる攻撃ばかりに気持ちを割くわけにはいかない。攻守のバランスをとらなければならないし、引いて守られる展開が多いアジアを相手にした時は、カウンター攻撃にも気を配る必要があった。

そんな中で、左サイドバックで先発した9月1日のアジア最終予選初戦のUAE戦に1対2で敗れたのは、痛恨だった。コンディションは良かったし、パフォーマンスとしても悪くはなかった。後半にはクロスボールで絶好機を作ることもできたが、ゴールにはならなかった。そして警戒していたにもかかわらず、失点はいずれもカウンター攻撃でチャンスを与えてしまった（1点はPK弾）。チームとして、球際での激しさをもっともっと追究しなければならない。アジア予選の難しさを示された初戦後は、アウェイのオーストラリア戦で引き分けた以外、すべて勝利し2016年が終わる。

佑都さんが怪我から復帰した11月の最終予選サウジアラビア戦で、先発したのは佑都さんと宏樹。僕はベンチに座ったままだった。まだ、越えられない壁があった。

ポジション争い

2017年も代表にはいつも招集されはした。しかし、先発はわずか2試合。途中出場も2試合という内容だった。先発した1試合は負傷のため不在だった長谷部さんに代わって、ボランチでの出場だ。

確かにハンブルクでもボランチでプレーしていたが、ハンブルクと代表とではサッカーが違う。ハンブルクで求められるボランチと代表に必要なボンラチとではタイプも異なる。特に攻撃面では代表のボランチはボールをさばき、パスを出すなど、当時の僕の強みではない仕事がより求められる。だから、「長谷部さんの代わりにボランチで」とメディアの人に問われても、「それはない」と否定した。複数のポジションでプレーできれば、監督へのアピールになるだろう。それでも代表で「ボランチもやってみる」という可能性については一切考えていなかった。

監督と以前話した時に「両サイドバックだけじゃなくて、センターバックもやれるんじゃないか?」といわれたことがあったが、その時も驚きしかなかったくらいだ。代表のセンターバックには、また違ったことを求められる。

しかし、ハリルホジッチ監督は、3月28日の最終予選対タイ戦に僕をボランチとして送り出す。タイとは力の差があるという判断だったのかもしれないし、オプションを増やしたいという監督の欲だったのか、理由はわからない。それでも、起用が決まると、「与えられた仕事をまっとうするのがプロだ」と覚悟を決めた。

試合は4対0での勝利。結果だけを見れば快勝となったが、攻撃の組み立てでは大きな課題が残ったし、守備面でもボールを奪い切れず、相手にスペースを与えてしまう。本来の自分の力すら発揮できずに終わってしまった。

6月のイラク戦では1対1の場面で途中出場したけれど、追加点を奪う助けはできなかった。先発した10月の親善試合のハイチ戦は3対3のドローで終わる。11月のベルギー戦は0対1の状況から後半41分に途中出場したが、試合を動かすことはできなかった。

ワールドカップやアジアカップなど、大会へ入ってしまえば、私利私欲よりも「代表チームのために」という気持ちが当然優先される。普段の代表戦でも、自分に与えられた仕事をまっとうするという上では、フォア・ザ・チームという精神は常に求められるし、それを体現できない選手は、代表にはいられないのかもしれない。それでも、ポジションを争うという状況が続く以上、「自身の力を見せつけたい」という欲は張ってくる。「なんで使ってくれないんだ」と多少エモーショナルになってしまうことがあってもしかたがない。どんな相手に対しても「負けたくない」という強い気持ちで競い合ってきたからこそ、代表選手として選ばれる。

わずかなチャンスであっても、チャンスをもらえたのであれば、それを活かさねばならない。そのために日々の練習があり、1日1日を無駄にはできない。僕のサッカー人生は常に、そういう覚悟とともにある。シュトゥットガルトで試合に出られず、自暴自棄になったことを経て、その想いはさらに強まった。

しかし、僕は代表でそのチャンスを活かすことができていない。このままでいいのかという焦燥感が募る。

2016年夏にドイツのハノーファーから、フランスのマルセイユへ移籍した酒井宏樹の成長を身近に感じると、自身の現状がもどかしくてたまらなかった。

酒井宏樹という存在感

宏樹は所属していたハノーファーが降格したこともあり、マルセイユへと移った。同い年の宏樹のことは昔からよく知っている。ワンタッチ、ツータッチでパス交換しながら、相手のディフェンダーを下げ、スペースを作ると一気に前へと突破する。それが宏樹の持ち味だと僕は思っているけれど、その精度がマルセイユへ行って格段に上がった。そしてその技術もだ。

宏樹が移籍したシーズンは5位になり、翌2017-2018シーズンにはヨーロッパリーグで準優勝しているマルセイユには、レベルの高い選手が多いのだろう。精度の高い戦術のもと、強度の高い練習や試合をいつもやっているから、ミスも少ない。そうなれば、自信は勝手についてくる。周りの選手との連携が上手くいき、リスクを冒すチャレンジをしてもボールは獲られないという確信を持ってプレーしているんだろうなと、マルセイユへ行った宏樹を見ていると感じる。

それに引き換え、シュトゥットガルトの最後の3シーズン、そしてハンブルクへ来てからの3シーズン、僕はずっと降格争いをしてきた。その経験によって、メンタルは強くなったし、忍耐強くもなれた。でも、降格争いは選手を成長させる環境ではないことは確かだ。僕自身、上手くなっている、成長しているという実感を得られてはいなかった。

どんなチームにいても、「チームのためのプレー」をしなければならない。チームが抱える雰囲気、試合のハーモニーに自分を同化させる。優勝争いをするクラブは、前向きな気持ちで、どんどんチャンレジできる環境だ。自分たちのサッカーに疑いを持たず、それを信じて、プレーできる。チームに確固たる軸があるから、無謀なチャレンジだったとしても、それを試すことが許される状況だと思う。もちろん勝たなくてはいけないというプレッシャーはあるだろう。でも、残留争いのプレッシャーとは違うはずだ。

勝っているチームは苦戦している状況でも、途中出場の選手がゴールを決めるだけで、チームの雰囲気はガラッと変わる。しかし、降格争いをしていると1試合に勝っただけで安堵することはない。次の試合に負ければ、また元の木阿弥だから。結局、残留できるという結果がない限り、力もないのに勝ちにこだわらなければいけない。

降格争いをしているチームには、軸がない。自分たちのサッカーに対しても疑問を抱い

ているような状況だから、勝てはしない。そういう不安定でネガティブな雰囲気のチームで、チャレンジは許されない。自分を伸ばしたいのであれば、挑戦的なプレーをする必要がある。チャレンジするからこそ、それが成功すれば自信にもなるし、失敗すれば学びにもなる。しかし、負けられないチームでは、ミスや失敗が致命傷になりかねないから、誰もが安全だけど消極的なプレーしかできなくなる。リスクは冒せない。失う1点が重い。

勝っているチームは戦うことで、自分たちの戦術やサッカーをどんどん進化させる。しかし、降格争いをしていると、相手の良さを消すところから始まり、守備的な戦いを強いられ、そのうえで得点を奪わなければならない。だから受け身の発想でサッカーが始まる。そんな状況のチームでは、自分のやりたいこと、試したいプレーを表現できない。だから、成長しているという手ごたえがうすいままなのだ。

この比較は、いくらだってできる。続けると負けおしみみたいになりかねない。でも悔しさはある。

レベルの高い場所でプレーすれば、成長できる。

子どもの頃からずっと、そうやって生き残ってきた。シュトゥットガルトへ来た最初のシーズンも成績が良かったわけではないけれど、降格の恐怖なんて感じることなく、挑戦的なプレーをし、自信を得て伸びることができた。

でも、今はどうだ。酒井高徳のサッカーをしているのか？　そう疑問を抱く。チームのために力を尽くすのが僕のポリシーではあるけれど、その結果、自分が小さくまとまってしまったような淋しさと不安がよぎる。

もちろん、降格争いをしている責任は僕自身にある。成長していないから、この現状を招いた。でもこの環境で成長ができるのか？　もっともっと自分はやれるはずなのに……そんな想いがよぎる。逃げ腰で出されるパスの精度は悪く、それを奪われてしまうこともある。もっといいパスが来ればと仲間を責めたい時も正直なくはない。ゲームを組み立てるプレー、攻撃へ転じたいと思っても、みんな怖がってボールを受けようとはしない。だからやりたいプレーができない。目の前の試合に集中し、チームのためのプレーに没頭しながらも、自問自答は続く。

ヨーロッパ遠征、追加招集の意味

2018年3月。ワールドカップロシア大会出場を決めた日本代表はベルギーへの欧州

遠征が組まれた。本大会へ向けた新たなスタートという位置づけで、メディアもそのメンバー選考に注目していた。前年2017年11月の欧州遠征で、(本田)圭佑くん、オカさん(岡崎慎司)、(香川)真司くんの3人が招集外となったことも影響していたのだろう。そして、3月15日に発表されたメンバーに僕の名前はなかった。

不思議かもしれないが、落胆することもなく、自分にとってはいいタイミングなのかもしれないとすら思えた。クラブでのパフォーマンスにも満足していなかったからだ。そんな自分自身は代表に力を還元できていないという気持ちを実は持っていた。だから、招集外になったことで、「今はハンブルクでしっかりやる。そういうタイミングなんだと」と素直に思えた。

しかし、直後のリーグ戦で宏樹が怪我をし、20日にメンバー交代が発表された。代わりに招集されたのが、僕だった。

「もうこれが最後だ。ここでなにもできなければ、僕のワールドカップも終わる」

そう、静かに思った。最後にはしたくないと思っても、数日間でプレーを劇的に変えることはできない。だから平常心とともに、「最後」という覚悟を持って、合宿地のベルギーへ向かった。

3月23日のマリ戦は後半から出場している。前半、ベンチから見ていて、攻守にリズムがなく、全体的にチグハグな印象を抱いた。そして前半終了間際に先制点を許した。

「俺が早めにプレッシャーをかけるから、前からもしっかりプレッシャーをかけてくれ。あと、ボールを持った時のコンビネーションを意識しよう」

1トップのサコ（大迫勇也）とそんな話をしながらピッチへ立った。

この遠征には圭佑くんは復帰していたけれど、オカさんや真司くんは招集されず、（吉田）麻也《まや》くんもいなかった。若い選手、レギュラーポジションを奪おうとする選手たちが出場機会を得た試合だったが、組織としての精度は低かった。ボールをどこで獲るのか、連動のスイッチとなるべきプレーが明確じゃない。選手間の意思疎通が稀薄でひとりでプレーしているという感じが残った。サポートし合う関係がないのだ。ピッチ上のスペースという意味でも気持ちや意識、思考という意味でもチームの結束力、コンパクトさが足りなかった。

ディフェンスラインから縦へ急ぎ過ぎるような感覚もあり、「一度俺にボールを出してくれ」と周囲に何度も要求した。プレー時間の経過とともに、僕は「集団でプレーしよう」という意識を声でチームメイトに促そうと努めたが、なかなか改善ができない。声だけでなく、プレーでそれを示したかったが、力及ばず、自分が思い描いていたプレー、やりた

いプレーはできなかった。後半アディショナルタイムでゴールが決まり、試合に負けなかったことも慰めにはならない。僕はインパクトを残すことができなかった。

「結果を残したい」

その想いは今回もいつもと同じだ。しかし、一度の合宿、一度の試合で一喜一憂はしない。試合でも練習でも、その時できるすべてをやり切って、それで結果がついてこなければ、また頑張るしかない。代表で僕がやるべきこと、やらなくちゃいけないことを自問自答し、それを追求するだけだ。

先発組や控え組。確かにチームには、選手の序列というものが存在はするのだろう。追加招集というのは最後尾を意味するのかもしれないが、そんなことを考えてプレーしていても意味はない。ただ純粋に自分へフォーカスすることのほうが今は重要だ。

マリ戦での内容が悪く、選手たちが抱いた危機感は大きかった。「縦へ速く」をはじめとする監督の意図を忠実に表現すべきだという感情と、ピッチに立った時に選手個々が判断する勝てる可能性の高いプレーも選択肢に入れたいという感情とがぶつかり合う。選手自身の中にそんな葛藤があった。だからチームに閉塞感が漂う。選手間で話すべきことがたくさんあると思った。

しかし、もっとも大切なのは、選手ひとりひとりの意識だ。戦前に監督が戦術を与えてくれたとしても、与えてくれなかったとしても、ピッチ上での局面を打開するのは、自分でしかない。マリ戦がどうのこうのではなく、個人がどれほどの危機感を抱いているのか。それがチームを変えるきっかけになる。監督はピッチでは助けてはくれない。プレーするのは選手自身でしかない。しかし僕はあらゆる状況を変えるプレーができなかった。だからこそ、当落線上といわれる場所に立っている。物足りない結果しか残せていないからだ。追加招集の僕にはあとがない。その危機感が僕にはある。

3月27日のウクライナ戦は1対2で敗れた。マリに続き、ワールドカップ出場権のないチーム相手に1分1敗。先発したが、結果が出なかったことでアピールにはならなかった。

ハリル監督との間になにがあったのか

この試合前、選手たちの間では「もっと自分たち発信で戦っていかなくちゃダメだろう」という話になった。監督の指示に従うのも大切だが、ピッチに立つ選手でコミュニケーショ

ンをとり、試合中に修正していくことやプレーすることが大事だと確認したのだ。そういう部分での改善はできていたと思う。

もちろん技術的なところで、ボールを奪いきれないシーンもあった。同時にチームに深く浸透している監督が訴えるデュエル、1対1での勝負にこだわる部分が、ウクライナ相手に通用しなかったことも痛感した。

「前へアタックする形で、ちゃんとボールを獲りに行ったほうがいいんじゃないか？」

この試合で右のミッドフィルダーとして先発した圭佑くんと僕は、ふたりでそう話して、監督の指示とは違う守り方をした。こういう書き方をすると、造反だとかいわれてしまうかもしれないけれど、そういう意図はない。ただ日本代表が勝つ可能性を上げるために、新しい選択肢を提示したかった。そして、その戦い方にはある程度手ごたえを摑めた。しかし、1対1で迎えたハーフタイム、監督から僕らのやり方を否定される。自分の指示した通りに戦え、と。「監督のいうことはわかるけれど、今、上手くいっているし、このままのほうがやられなくてすみます」と僕らは主張したけれど、「違う」というだけで、話を聞いてもらえなかった。結局、後半は監督の指示通りのプレーをしたが、相手にどんどん侵入されてしまい、結果失点を許し、挽回することなく試合が終わった。

日本人は自分たちの実感や経験を持ち寄って、組織として改善策を見出すのが上手い人種だと思っている。試合前に選手たち自身がマリ戦を踏まえたうえで改善策を見出した。日本人には自らが考える自主性が足りないと長く議論され、育成年代から独自性や思考を伸ばす指導がされるようになった。僕らはそんな世代の選手だ。

指揮官の命じるままにプレーしているだけの選手がほとんどいない欧州で、個と個を繋ぐのが監督が与える戦術だとしても、選手の意見を尊重する監督は多い。結局、ピッチ上で力を発揮するのは選手の判断や決断だからだ。プレイヤーのプライドをリスペクトするのは、当然のことだろうと思う。

しかし、ハリルホジッチ監督は選手に選択肢を与えることが少なかった。監督の意図を理解したうえで、監督の望むプレーを表現するために、「こうやったほうが自分たちはもっと表現しやすいから」とアレンジを加えたいと提案しても、聞き入れてはもらえなかった。監督からはボールを奪ったあとは、「縦に速く直線的なサッカーを」という指示が多かったと思う。しかし、チームがコンパクトな状況でなければ、それは効果的ではない。間延びした状態で縦に速く攻めれば、相手のカウンター攻撃の餌食になってしまう。チーム全体を前へ押し込む時間を作ってから、縦へ行けば、「縦に速い攻撃」は効果を生むが、チームの状況を考えずに縦パスを入れ続けていれば、アジア相手でもボールロストから一瞬でピンチになってしまう。攻撃に緩急をつけること。そして、選手間の距離が間延びしている時、無理に縦へ速くいくのは危険なんじゃないかと、監督に提案したこともある。わかってほしかったがダメだった。それはきっと僕に限らないだろう。気がつくと「監督が考えるプレーだけをやっていればいい」というような空気がチーム全体に漂っていた。

もちろん監督の指導を受け入れようと選手たちは考えていた。だから、懸命にそれを遂行し、その中で結果を出そうと努めた。ただ、上手くいかない。結果が出ない。自分たちの力不足を痛感しながら、自信が奪われていくような感覚もあったはずだ。

ハリルホジッチ監督の目指すサッカーで結果が残せていれば、選手たちが迷うこともなかっただろう。けれど、ワールドカップに出場しない国を相手にしても結果が残せない。逆に圧倒されてしまっている。監督が目指すサッカーと自分たち日本人とが噛み合っていないのではないか？　このプレーを続けていて大丈夫なのか？　結果が出なくとも手ごたえがあれば信じて続けていこうと前を向ける。けれど、それもない。このままではワールドカップはどうなってしまうのだろう。どんな戦いができるのか、見えない。

日本代表は迷い、苦境に立っていた。

僕自身、チーム状況とは別にあとのない状況の合宿で、インパクトを残せなかったのは事実だ。この合宿の出来ではメンバーに入るのも厳しいという実感のほうがこの時は強かった。自分を奮い立たせることはできたけれど、それをパフォーマンスとして表現できなかった。その未熟さを感じていた。残留争いを続けるハンブルクではあるが、「それでも僕は代表の力になれる」ということをクラブで示していくしかないと、ベルギーをあとにした。

正しいと思った監督交代

たとえ1パーセントであっても日本代表がワールドカップで結果を残すための可能性が上がるのなら、それに賭ける決断は正しいと監督交代をニュースで知った時、僕は思った。誰が監督になるのかも、その監督がどういうチームを作り、どういうサッカーをするのかもわからない。もちろん選手選考もだ。自分の立場がどうなるのかと気にかけることもなかった。新監督が僕を必要としない可能性だってあるかもしれない。それでも、3月の遠征でチームに充満していた疑念や不安が払拭されるのであれば、それは日本代表にとってプラスになるんじゃないかと思えた。

西野朗監督が就任し、5月、ワールドカップメンバー選考の合宿に僕は参加することになった。すでにブンデスリーガのシーズンが終わり、ハンブルクは2部への降格が決まっていた。そして僕は翌シーズンもハンブルクでプレーするという決断をし、気持ちの整理をつけたうえで、ワールドカップへの挑戦が始まった。降格してしまったけれど、最後の最後まで残留の可能性を追い求めて戦ったことで自信を得られた。勝つか負けるかで人生が変わるようなシチュエーションを掻《か》い潜《くぐ》ってきた経験によって、他の選手にはない僕特有の精神力を培ったと信じられる。

ここに至るまでの間も代表ではずっとレギュラーポジション争いを続けてきた。しかし、新監督のもとでの再スタートは選手誰もが同じスタートラインに立っているという意識が強い。もちろん「経験値」という意味での序列はあるのかもしれないが、誰もが名誉挽回できるチャンスがある中で、ギラギラとした欲を漲らせているのは、重要なことだ。僕自身もそのひとり。とはいえ、そういう意識を抱えつつも、「今できることを出し切る」というういつもと変わらないスタンスを徹底したいと考えていた。

ブラジル大会から4年が経った。ロシア大会のピッチに立ち、そこで力を発揮したいと戦った4年間だった。当然、相手もいるし、大会の雰囲気もあるし、すべてを出し切るのは容易ではないだろう。それでも1パーセントでも多く力を出すための準備をした時間は無駄ではない。とはいえ、重要なのはメンバーに残り、目指した舞台でどういう痕跡を残せるかだ。結局、最後は結果だということをプロになって何度も思い知った。結果が出れば、「いい準備をしてきた」といえるし、どんなにいい準備をしていたとしても、結果が出なければ、それまでの話だ。どんな時間を過ごしてきたかは選手それぞれ。だけど最終的には、その舞台でなにを残したかで、「できたヤツ」と「できなかったヤツ」というレッテルが貼られるだけ。それが僕が生きているプロの世界だ。

5月31日、23人のメンバーが発表される。僕の名前もそこにあった。安堵感以上に気が引き締まるような想いが強かった。

国内最終試合のガーナ戦（5月20日）に続き、欧州に渡り戦った6月8日のスイス戦にも敗れた。連敗しているからこそ、チームの雰囲気を良く保たなければならない。しかし、心配されるようなネガティブな空気はなかった。勝っていないからこそ、濃密なコミュニケーションが選手間で生まれ、「なにをしなくちゃいけないのか？」「どうすべきか」という課題を修正する会話がチームを前へと推し進めているようだった。

そして6月12日、これまで出場機会の少なかった選手を中心に戦ったパラグアイ戦を4対2で勝利する。スイス戦で右サイドバックで先発途中交代した僕は、この試合では左サイドバックでフル出場している。選手ひとりひとりが「自分もいるんだ」という主張を見せられた試合だった。戦術や形、スタイル以上に「気持ち」を表現できた。それはロシアへ向かううえで重要なことだと思えた。

最後のワールドカップ

6月19日、ワールドカップ初戦対コロンビア戦を2対1で勝利すると、6月24日対セネガル戦は2対2と引き分けた。

コロンビア戦では開始6分に真司くんがPKで先制ゴールを決める。すでにそのファールで相手はひとり退場するが、コロンビア相手に楽な試合運びにはならない。前半のうちに追いつかれたものの、後半にサコのゴールが決まる。アシストしたのは途中出場の圭佑くんだった。セネガル戦でも1対2の状況から圭佑くんは同点弾を決めている。そのゴールをアシストしたのは、オカさんだった。記録上でのアシストはクロスボールを上げた乾

（貴士）くんだが、ニアでゴールキーパーと交錯しながらつぶれたオカさんのプレーがなければ、圭佑くんがフリーでシュートを打つことはできなかっただろう。

圭佑くんがこういう大舞台で結果が残せるのは、彼が「持っている」というような次元の話ではない。そのための準備と強いメンタリティを生み出す経験があるからこそ、あのタイミングでそれを発揮できるのが圭佑くんだということを再確認した。それはオカさんや真司くんも同じだろう。

彼ら3人が代表を外れて、新しい選手にチャンスがもたらされた。しかし、その選手たちは世界で結果を残せることを示せなかったと思う。もちろんチームの世代交代は必要だ。経験を積む場を与えることも重要かもしれない。だけど、代表戦、ましてやワールドカップは若手に経験を積ませる場所ではないと僕は思う。世界を相手に戦える選手が立つ場所だからだ。圭佑くん、オカさん、真司くんはそういう意味で違いを示す仕事をした。

第3戦のポーランド戦は敗れても他会場の結果によっては決勝トーナメント進出が決まる。セネガル戦から先発を6人入れ替えて挑むことになった。そして僕は、初めてワールドカップのピッチに立つ。しかし、本職のサイドバックではなく、右ミッドフィルダー。

サイドハーフといわれる普段は攻撃的な選手がプレーするポジションだった。

「バランスを見ながら、宏樹を上手く上げられるようなポジションをとってくれ。周りの選手と話し合い、しっかりとした守備を期待している。練習中でも周りと絡みながら動くプレーは見ているし、サイドハーフで起用しても大丈夫だと僕は確信している」

西野監督はそういって僕をピッチへ送り出してくれた。

期待に応えたい。やっとそのチャンスが巡ってきたことは素直に嬉しかった。それは僕だけではなく、2試合をベンチに座り、ポーランド戦でチャンスをもらったすべての選手が同じ想いだった。キックオフ前の円陣を組んだ時には、「チームの役に立ちたい」というひたむきさで頑張ってきた仲間の「勝って、決勝トーナメント進出へ繋ぐ」という強い意思、チャンスをくれた監督の期待に応えたいという意欲が伝わってきた。

自分がサイドバックとして、ボランチとしてプレーした時に、「こういうサイドハーフのプレーは嫌だな」と感じるプレーをしようと心がけた。瞬時に変わる試合展開に応じて、頭の中で嫌なサイドハーフをイメージする。前半16分、フリーでシュートを打てたのも「あいうシーンで外から中へ入っていくよりも、ポツンと真ん中に立っているほうが、相手にとってはマークしづらいだろう」と考えたからだ。その時、パスが入ってきた。しかし、僕の放ったシュートはゴールでも、惜しいシュートでもなく、普通に阻まれてしまった。「やっぱり攻撃の選手じゃないんだな」という想いと、考えすぎてしまっている自分をもどかしく感じていた。

守備に関しては誰よりも走り、崩れることなく戦えたと思う。前半は前から守備へ行くという話だったが、なかなか上手くプレッシャーがかからなかった。逆に僕が早めに追い込んで、相手のサイドバックやウィングへボールが出ないようにプレスをかけたいと考えた。しかし、全体のタイミングが合わなかったので、前へ行くよりもステイしながら、守備ブロックを作るように意識を変えた。宏樹にも「俺が行くからお前は走らなくていい」と声をかけ、3戦連続先発出場していた彼の負担軽減を考えた。大崩れはしなかったとは思うが、それでも完璧ではなかった。後半14分、フリーキックから得点を許す。僕がマークを外してしまった選手に決められた。

「このままでいい。イエローはもらうな」

後半37分にピッチに入ってきた長谷部さんがそう周囲にメッセージを送る。同時刻に行われているセネガル対コロンビア戦の結果によっては、ポーランドに敗れても決勝トーノメント進出が決まる。きっとそういうシチュエーションにあるんだろうと察した。ここか

ら約10分間、僕らは0対1で負けていたが自陣でボールをまわし続ける。ポーランドも勝利を確信しているのか、攻めてこようとはしない。両チームが攻めることを捨てた状況にスタジアムでは大きなブーイングが響いていた。情けない。監督の期待に応えて、結果を残せれば、こんなブーイングに晒されることもなかったのに。あとから思えばそんな気持ちにもなったが、その時は、とにかく必死だった。

セネガルに勝利したコロンビアがグループリーグ1位で突破し、勝ち点、得失点差、総得点で並び、直接対決でも引き分けていた日本とセネガルは、イエローカードの数が少ない日本が2位でのラウンド16進出を決めた。

安堵感しかなかった。

危なっかしい状態ではあったけれど、自分たちが出場したことによって、力を溜められた選手たちが、上のステージへ向かうための道を作れた。勝ち点を上積みできなかった悔しさは大きいが、日本代表が次のステップへ行ける橋を架けられた。そう考えることで、前向きになりたかった。

グループリーグを突破しなければ見られない世界がある。突破という結果が日本代表への追い風になってくれると信じた。

ベルギー戦、アップに呼ばれた

２０１０年大会から数えれば、10試合目でやってきた初出場のチャンスだった。

「ワールドカップってどんなものかと思ったら、意外に11対11でボールを追いかける普通のサッカーと同じだった」

試合前夜、以前、雑誌かなにかで読んだ（内田）篤人くんの言葉を僕は思い出していた。緊張というか、サイドハーフでワールドカップ初出場するということが想像できなかったからだ。いい聞かせるように何度も頭の中で繰り返した。そして立ったその舞台でも篤人くんの言葉通り、いつもの試合だよと考えれば、リラックスできた。

立ちたい立ちたいと願い続けたピッチだった。願う気持ちがある反面、自分の未熟さを感じる日々をすごしてきた。できる限りのことをやってきた。だけど、結果主義の中で生きる僕らは、出場したか、していないかが、結果だ。代表の力になれなかったとすれば、そのためになにをしてきたかはあまり重要ではなくなる。そういう覚悟があった。ワールドカップには、ロシア大会でも、自分の欲や過去の悔しさといった個人の事情を一切持ってきてはいない。どんな状況でも何分でも、必要とされるところでしっかりプレーする準備を100パーセント行うのが、選手として僕の生きる道だし、それを貫いてきた。

だからこそ、ポーランド戦ではもっといい形でチームを手助けできれば良かったという悔いは残るし、監督に対して申し訳ない気持ちもあるが、ワールドカップに出場できたことはやっぱり嬉しかった。

後半立ち上がりの3分、7分に日本のゴールが決まり2点リードという展開は、運ではなく、日本がゲームを優勢に進めていた結果だった。相手を確実に追い詰めていた。

7月2日、ラウンド16ベルギー対日本は、予想を覆す内容で進んでいる。

「高徳、アップを始めてくれ」

監督の指示で僕はアップコートへ向かう。リードしているこの展開を考えれば、逃げ切るための守備強化要員として起用されるだろう。どこで出るのかはわからない。右なのか、左なのか、またしてもハーフサイドかもしれない。僕はどうベルギーの強者をどう抑え込むかを考えていた。右に入れば、相手左のシャドリを、左に入ればムニエを抑えることになるはず。ムニエはゴール前へ走り抜く力のある選手。サイドバックの選手への対応も必要だ。アップをしながら、試合を見て、対策を練り続けた。2対0でリードしている状況から負けるわけにはいかない。しかし、後半24分、29分と立て続けに失点し、追いつかれてしまう。36分、圭佑くんと（山口）蛍が交代出場する。同点にされてしまったあとも日本はよく耐えていた。そして後半アディショナルタイム、圭佑くんのシュートがクリアされ、日本はコーナーキックのチャンスを迎える。

下を向いている選手はいない。ここでゴールが決まれば、上へ進めるのだから当然だ。悪くても延長戦を戦える可能性が残っている。アップを止め、ピッチを見つめる僕も自然と力が入った。

そのコーナーキック。圭佑くんが蹴ったボールをゴールキーパーがキャッチし、そこから一瞬でカウンターを仕掛けられた。ディフェンス陣が自陣へと戻るが、巧みなパス交換から、最後はムニエからのパスをシャドリが蹴り込み、日本のゴールネットを揺らした。その直後にゲーム終了を告げる笛が鳴る。

「ホントに負けちゃったの？」

唖然《あぜん》となった。一瞬なにが起きたのかわからなかった。そして敗戦という現実に僕の頭の中は真っ白になる。不利といわれる試合で、日本はもがいた。けれど、結局はベルギー

が勝った。まるで最初からその結末は決まっていたのか？　日本が先制し、押し込んだのもすべてわざとやらせていたみたいな、そんな力の差だった。

「負けたけれど、いいサッカーができた。相手を追い詰められた」という満足感はない。「もうちょっとだったのに」という悔しさはある。だけど、試合に出ていた選手たちの姿には清々しさも漂っていた。力は出し尽くせたが、それでも届かなかった。課せられた重責に対しての達成感なのかもしれない。その清々しさから、どれだけ試合に集中していたかが伝わってくる。後悔があったとしてもやり切ったという手ごたえはある。それでもベルギーは強かった。悔しさがあり、課題も感じているはずだ。これが世界で戦うことなんだと感情を噛みしめているチームメイトを見ながら、僕はどこか誇らしい気持ちにもなった。

日本代表に酒井高徳がいる必要はないと僕は考えている

ワールドカップロシア大会が終わった。

代表は結果が求められる場所だ。結果を出し続けなければならない。日本はいい意味でも悪い意味でも結果を出せる選手が少ない。だから先発が固定される。３大会連続出場という選手も多く、彼らによって、日本代表の土台は形成されてきた。

そういう日本代表は、僕にとって非常に大事な場所だった。その場所にふさわしい選手でありたいと、ピッチに立つ選手になりたいと願い続けて、8年間やってきた。ひとつの集大成がロシア大会だった。そのピッチで格上といわれるコロンビアやセネガルに動じることなく戦った日本代表を見ながら、思っていたことがある。

「宏樹の代わりに僕が出ていたら、佑都くんの代わりに僕が出ていたら、この戦いができたんだろうか?」

ブラジル大会以降そんなふうに思ったのは、初めてだった。弱気になったわけでもないが、素直な想いだ。ベルギー戦をベンチで見ながら、「自分だったらもっとできる」ではなく、純粋に「日本代表、すごいな」と思ってしまう自分がいた。

ブラジル大会からの4年間で、代表として戦える自信は身につけていた。それでも、ロシア大会を戦った選手たちのハイパフォーマンスを目の当たりにし、試合に出て当然の選手が出ているんだなと思ってしまった。ベルギー相手に互角の戦いをしていた宏樹は、大会を通しても相手にやられるシーンはなかった。自らの成長でその場所を勝ちとったことを彼は示してくれた。1年前、2年前はお互い競い合っていた関係だった。左サイドバッ

クでのプレーも含めて、僕にもチャンスはあった。しかし結果やインパクトが残せず終わってしまった。それができた宏樹との差が大きく開いた。宏樹は世界を相手に遜色《そんしょく》ない仕事をしている。そして僕はベンチに座りそれを見ていた。

そんな僕の場所に座るのは、酒井高徳であるべき必要はないんじゃないか。

南アフリカ大会。サポートメンバーだったけれど、日本代表のそばにいられたことで、僕の意識は変わり、成長のきっかけを掴めた。ならば僕ではない、若い選手がかつての僕のように代表を体感することが、日本のためになるんじゃないかと考えたのだ。

8年間、結果を追い続けたけれど、それを残せなかった。日本代表のために力を出せなかった。そういう酒井高徳を客観的に見た時、今後は別の人がその場所に座るべきだと。仮に4年後のカタール大会を目指したとしても、またベンチに座っている可能性もあるだろう。ならば、僕がここにいてはいけない。日本代表に酒井高徳はもういる必要はない。若手に譲るという感覚ではなく、自らが退くべきだと思ってしまった。

ブラジル大会が終わった時は、次は絶対に僕だと思えたけれど、ロシア大会が終わってみると4年後は「絶対」とはいえなかった。ならばここからの4年はもう僕じゃない。

結果を追い続けながらも、それが手にできない。自分のパフォーマンスが良くてもチームとしての結果が出ないこともあった。もちろんその逆もある。次はないんじゃないか。いつもそんな崖っぷちに立ちながらの苦しい8年間だった。自分が思い描いた活躍を僕は一度もできなかった。正直そういう時間をまた4年間すごす気力も体力もない。そんなふうに一瞬でも思ってしまったら、もう代表にふさわしい選手とはいえないだろう。

だからいった。

「もう4年後は目指さない」

世界と渡りあえる選手になりたいとドイツへ来た。どんな環境でも高い目標を持てばそれに到達できると信じていた。けれど、結局今の僕はそこまでの向上ができなかった。

でもここからは、日本代表での活躍というのではなく、ヨーロッパでのパフォーマンスを上げていく、日本人選手としての価値を上げるという目標にシフトチェンジしようと思った。

第5章

chapter 5

人とは違う、それでもいい

この本の最後の章に、僕がこれまで経験し、もしかしたらみなさんに還元できるかもしれない、自分なりの考え方を記してみたい。「ダブル」から始まった僕のサッカー人生は、本田圭佑くんや、香川真司くんのようにビッグクラブでプレーをしたとか、日本代表で常にその中心としてすごした、といった華やかなものではない。

でも、僕のポジションだったからこそ、感じられたもの、経験できたことがあったんじゃないかと思う。そこで、今も大事にし続けていることが、ちょっとでも皆さんの心に響けば嬉しい。

いつだって「今」よりも上を探す

プロサッカー選手になりたいという目標を最初に抱いたのは、サッカーを続けさせてくれた両親への恩返しの気持ちからだった。スパイクは先輩やチームメイトが履かなくなったものを譲り受けることができたが、遠征費やアルビレックス新潟ユースでプレーするために通う高校の学費など、金銭的な負担をかけてきた。僕の「やりたい」という想いに賭けてくれた両親。ふたりへの金銭的なお返しと同時に、期待に応えたいという気持ちが、大きなモチベーションになっていた。

　しかし、プロデビューをし、トップレベルの世界を経験することで、そのモチベーションは「今より上のレベルで成長し、高い場所へどこまで行けるか挑戦したい」というものへと変わっていく。

　アルビレックス新潟で試合に出させてもらい、世代別代表で国際経験を積み、ドイツへの移籍を果たす……。知らない世界でプレーすることで、もっともっと成長したいという気持ちが、僕を前進させてくれた。


　たとえば、欧州のコンペディション（大会）に出場することは、その「上の世界を知る」ためのいい機会になった。

　２０１３－２０１４シーズン、僕らシュトゥットガルトはヨーロッパリーグへ出場した。前シーズンはブンデスリーガ６位。本大会前のプレーオフからの参戦だった。

　ヨーロッパリーグは各国カップ戦優勝クラブと、各国リーグ戦でチャンピオンズリーグに出場するクラブにつぐ順位にあるクラブに出場権が与えられる。主要国はもちろん、小さな国のクラブも多く出場し、予備予選、予選、プレーオフ、本戦と続く。出場クラブ数は100を超える。欧州王者を決めるチャンピオンズリーグにつぐ大会だ（出場クラブ数は各国のUEFAランキングによって決められる）。

ヨーロッパリーグのアンセムを耳にして鳥肌が立ち、その後に感じた幸福感と高揚感は忘れられない。

そんな喜びだけではなく、現実は「レベルの高さ」を体感する大会でもあった。結果を振り返ると、ベスト16で僕らは涙をのむことになる。でも、プロサッカー選手として、そうした経験こそが、もっと上手くなりたい、上を目指したいというモチベーションの種になるのだ。

プレーオフでロシアのディナモ・モスクワを退け本選へ進み、ルーマニアのFCステアウア・ブカレスト、ノルウェーのモルデFK、デンマークのFCコペンハーゲンとのグループリーグは、2勝2分2敗。3位のコペンハーゲンと勝ち点で並んだが、直接対決（1勝1分）の結果、僕らが決勝トーナメントへと進出した。

16チームが勝ち上がるチャンピオンズリーグと違い、ヨーロッパリーグでは、チャンピオンズリーグ3位のクラブも参加して32チームでの決勝トーナメントだ。

決勝トーナメント1回戦はベルギーのゲンクを相手にホームでは1対1で苦戦したもの

のアウェイで0対2と勝利し、ベスト16へと勝ち上がる。しかし、次戦イタリア・セリエAの名門クラブ、ラッツィオ相手にホームで0対2、ローマのスタジオオリンピアコスでのアウェイ戦でも、3対1と完敗した。

当時のヨーロッパはスペインやイングランドのクラブが覇権を握る時代。セリエAはユヴェントス一強ともいえ、他クラブにはかつてのような強さはなかった。それでもラッツィオは強かった。先制点を決められ、同点に追いつきたい僕たちシュトゥットガルトに対して、巧みなポジショニングでカウンター攻撃を誘発するよう仕向け、そうなれば、ここぞとばかりに仕留める。チャンスを摘み、自分たちのチャンスを生み出す試合巧者ぶり。執拗に何度も何度も僕らの弱点を突いてくる戦術精度の高さは別格だと思った。高い個の能力を持った選手たちが集団となり、対戦相手を陥れる戦術を遂行していた。

振り返ってみれば、欧州の中堅リーグとされる北欧のクラブとの対戦が多い大会だったが、彼らとて、自国では強豪といわれているクラブだ。強い力を持った選手はわずかであっても、チームとしての安定感が抜群だった。シュトゥットガルト以上の国際経験もあり、ヨーロッパリーグ馴れしている（中小国でもトップなら欧州の大会出場権が得られる）。

確かにブンデスリーガと比べればリーグの格や選手の質は劣るかもしれない。しかし簡

単な相手でもない。――そんなふうにドイツ以外のサッカーに触れ、その世界の広さを実感できた。「上には上がいる」と悔しさを感じられるのは、まだ成長できるということだ。

誰もが正しいと思うことだけが唯一の道ではない

すでに書いたように、ワールドカップロシア大会が終わった時、4年後のカタール大会は目指さない、とメディアの前で話をした。

チームメイトをはじめ、多くの人たちが「まだ早すぎる」といい、惜しんでくれた。その声はとても嬉しかった。僕を応援してくれている人や、代表でともにプレーした仲間の中にも僕が必要だと思ってくれる人がいると知ることができた。

ただ、それでも「代表で僕がしてきた役割は、もう僕が務める必要はない」という、「代表を目指さない」と決めた核心の部分は変わらなかった。

僕は長い間、サブとして代表の時間をすごした。その役目とは、レギュラー選手になにかあった時、代わりに出場しても安心できる選手であること。いざ試合が始まれば日本代表が勝つために、そういう存在が必要だという自負はあった。けれどだからといって、その立場に甘んじているわけではなかったし、いつだって試合に出て結果でチームの力になりたいと努めてきた。そんな時間が、初招集から7年、サポートメンバーとして帯同させてもらった南アフリカワールドカップの経験と合わせれば9年も続いたのだ。

　結果で代表に貢献できなかった選手がこれ以上長い時間、日本代表のベンチのひとつに座っていてはいけない。チャンスはもらったし、いいプレーができたこともあったと思う。でも、結果で返せていない僕が、そこにいていい時間は終わった、と思う。だったら、今後、結果で貢献できる可能性がある若い選手に、その場所を渡したほうがいい。日本代表は、そのくらい結果にこだわるべきだし、日本サッカー界のシンボルであり、大きな存在だと思っているから。

　悔いはもちろん、未練もある。代表に入りたいか？　といわれれば入っていたい。でも、だからこそ、自分の決意を変えようとは思わなかった。そのくらい日本代表への愛情を持っているからだ。

　そしてもうひとつ、自分自身のことを考えても、区切りをつけて次の道へ進むべきだと考えた。サッカー選手にとり、代表はすべてではなく、一部である、と。

サッカー選手としての道は幾つもある。

代表で結果を残すというのもそのひとつ。僕はそれを諦めた。負けを認めて逃げ出したという人がいたとしても納得がいく。実際、僕の決断は「逃げ」なのかもしれないからだ。ただ、だからといって、サッカー選手であることから逃げたわけではない。

チームの勝利のために結果を残せる良い選手になる。

昔から変わらず今も僕が、もっとも大事にしていることだ。代表を離れても、所属するクラブでその道を進むことはできる。その道を僕は歩いていく。もっともっと、今より上のレベルを知るために、努力を重ねて成長する。日本代表ではなくとも、それはできるのだ。そんな生き方があってもいい、と思った。


こんなふうに思えるのは、過去から現在に至るまで歩んできた道、進んでいる道が正しいという確信があるからかもしれない。僕は、うしろを振り返って不安になることもない。過去はすべて僕にとっての財産だ。どんなに苦しくても、目に見えるわかりやすい成果がなかったとしても。すべてを尽くしたからこそ、未来へ進むための糧になると思っている。

だからこそ、代表が終わってもサッカー選手としての未来が終わったとは思わない。

人が歩く道は人それぞれで、紆余曲折や遠回りすることがあるかもしれない。誰もが正しいと思う、たとえば日本代表で活躍するという道だけが、夢を叶えることではないことを、僕はこれからの僕の生きざま、道を歩む姿で示していきたい。

いつの日か、身体が動かなくなり、引退する時、現役選手としてのゴールを迎えた時に、自分のサッカー人生はすべてやり切ったと感じられるように歩んでいく。大事なのはどんな意気込みでその人生を歩んできたかだ。

医者になりたいと、必死で勉強し、頑張って、頑張った。それでも医者になれずに諦めたとしても、目標のために費やした労力、そしてその夢を諦める決断をする力は並大抵のものじゃなかったはずだ。その経験、過去は変わらない。だから正しい。

結果が出ない中でもブレることなく、続けてきたのだとしたら、その時間はとても価値がある。それを自信にし進む、新たな道も輝いているはずだ。

加えていえば、逆算して今を生きることを、僕はしない。

人生なるようにしかならないと考えているからだ。未来から逆算して、今なにをすべきか、どうあるべきかを想像し、焦ったりするよりも、今、やるべきことをやり尽くす。逆算した通りにはいかないのが人生だ。それを僕はこれまでの人生で学んだ。

だから自らが立たされた現実を受け入れながら、どこまで上のレベルへ行けるのか？今より上へ行きたいという欲を持ちながら、その挑戦はずっと続いている。

強烈な武器がないことで得られる「武器」

この本が出る頃は、2018-2019シーズン、ブンデスリーガ2部でのハンブルクの戦いも重要な局面を迎えているだろう。

開幕戦、5万7千人が詰めかけた満員のフォルクスパルクシュタディオンで0対3と完敗してしまい、最下位スタートという衝撃的なシーズン。その後4連勝したものの、第6節で0対5と大敗。その後2試合連続でスコアレスドロー。1勝をはさんで第10節では0対0と引き分け、順位も5位に後退すると、10月23日監督交代が決まった。

前のシーズンまで1部で降格争いをしていた僕たちはいわゆる弱者だった。しかし、2部へ行けばその立ち場は強者へと変わる。ゴール前を固めた相手との戦いが容易じゃないことは想定していた。クリスティアン・ティッツ監督の提示するサッカーがチームに浸透はしていたが、簡単に相手守備陣を崩せないと、若い選手たちはイラ立ち、自滅するようにリズムを失ってしまうことも少なくない。粘り強く戦うことが必要だった。対戦相手は、選手のクオリティで劣るからこそ、たとえばセットプレーでの集中力は高く、技術ではない部分、たとえば精神力での戦いに呑まれ苦しい試合もあった。

新たに就任したのは、ハネス・ヴォルフ監督。

37歳のハネスは、現役選手としてはブンデスリーガ1部での実績はほとんどない。20代半ばから選手をしながら、指導者の道を歩み始めた。ドルトムントの下部組織での手腕を買われて、2016-2017シーズン、僕がかつて在籍したシュトゥットガルトの監督となり、1部昇格に貢献。しかし1部での翌シーズン途中で解任される。それでもドイツサッカー連盟が選ぶ2017年度の年間最優秀監督賞を受賞。現在ブンデスリーガで注目を集める30代の若手監督のひとりである。

突然の監督交代でチーム内には動揺が走った。それでも、「昇格しなければならない」という危機感が選手たちを奮起させていた。ここで立ち止まっているわけにはいかない。120パーセントの力を発揮しようという意欲がチームに漲った。

フォーメーション自体に大きな変更はなかったが、ハネスは新しいサッカーをハンブルクへもたらそうとしている。

そして僕自身に与えられたタスクは非常に興味深いものだった。守備時には4バックの右に立つが、攻撃時、マイボールになると僕はポジションをボランチの横へと移す。左サイドバックは高い位置をとり、ディフェンスラインはセンターバック2枚という形になる。ボールを奪われた瞬間、サイドを狙われるかもしれないが、素早く攻守を切り替えることで、相手のパスの出所を潰す。従来のサイドバックの仕事だけでなく、ボランチのように中央でチームをコントロールする仕事を担うことになったわけだ。そして、試合によってはボランチで出場することもある。

ドイツへ来てから、数多くの監督のもとでプレーしてきた。そしてそのほとんどすべての監督に起用されてきた。確かに僕の所属するクラブは下位に位置していた。しかし、僕は試合に出続けている。その理由を僕は、強烈な色がないからだと思っている。

監督が代わる。試合に出るためには監督から選ばれなければならない。

僕は監督の発言や行動を見ながら、どういう人間なのかを知りたいと考える。それは選手やスタッフなど、どんな仕事の人間に対しても同じだ。その職種のプロとしての能力やスキルなども大事だけれど、まずは、人としての姿、タイプを見る。

監督であれば、細かいことまで気を配るタイプなのか、多少ラフでも勢いやスピリッツを大事にする人間なのか……。人間性は結局、サッカーを指揮するという仕事にまで影響しているからだ。監督の言動をつぶさに観察し、チームメイトへの指示などにも耳を傾ける。彼がなにをピッチで描こうとしているかを知り、全体像を把握し、僕になにを求めているかを理解したうえで、まずは監督の意向をできるだけ忠実に体現しようと意識している。

それはクラブに限らず、代表でも同じだ。ザッケローニさん、アギーレさん、ハリルホジッチさん、西野朗さん……すべての監督のもとで、指揮官のサッカーをピッチで描こうと努めた。

もし、僕が強い個性、武器を持つ選手だったら、武器を発揮することで「アピール」しようと考えただろう。たとえばドリブルが強みであれば、ドリブルを表現すればいい。あとは指揮官がそれを好むか好まないかということになる。しかし、そういう武器がない僕は、個性でアピールしようがない。だから、監督の求める仕事を忠実に表現することでしか、生き残れない。監督のサッカーを意識し、それプラス、自分のできること、持っていることを重ねていく。それがピッチ上の酒井高徳の形になるわけだ。

日本でプレーしていた時は、ダイナミックさや走力、フィジカルの強さなど、自分の売

りや武器を意識できた――それも多少、ではあるけれど。しかし、ドイツではそれら武器にならなかった。僕が持っている程度のものはスタンダード、普通だったからだ。そう考えた時に、試合に出て生き残るには、監督の戦術通りに動く、一枚の歯車、ひとつの駒になることが大切だと感じた。

もう武器はない。そういう現実に立たされて、恐怖心や不安を感じる余裕もなかった。ないものはしょうがない。でもどうにか生きていかなくちゃいけない――。誰よりも走り、誰よりも強く、誰よりも大きな声を出す。サッカーに必要なこと。自分が持っているものをどれだけ表現できるか。どうやったら「良い選手」へと近づけるのか。足りないものを埋めるためになにが必要か。あらゆることを考察し、思考を巡らせて生存するための道を必死で模索した。その結果、自分の生きる道を発見できた。試合に出られる方法、新たな武器を手にすることができたのだ。

もちろん、この武器だっていつも通用するわけじゃない。強い個性を持つ選手が出てくるとポジションを奪われることもある。そういう時はその選手のなにが僕よりも優れているのか。そして、どうすれば追いつけるのかを探す。自分よりも良い選手の強みを吸収しようと努める。

チームに安定感をもたらす存在に

監督が求めたことを体現するというのは、選手にとって当然のこと。一方で、個性の強い選手たちは、自分のスタイルが活きるサッカーをしたいという想いが強いのだろう。それを貫くうえで、適した監督に巡り合えた時、そういう選手が爆発的に成長し、どんどんとステップアップしていくのを何度も見てきた。

そういういい意味でのエゴ、個性はチームの武器になり、同時に選手を伸ばす。シュトゥットガルトでの最初の半年間の僕もそうだった。「前へ攻撃に出て行く」という自分のことだけを考えたプレーをし続けても、チームのパフォーマンスが安定していた。僕が空けた穴をカバーしてくれる状態にあったから、チームが崩れることがなかった。おかげで僕の強引なプレーも評価を得られた。

しかし、チームのパフォーマンスが落ち、勝てなくなると「高徳のプレーがチームに穴を作っている」となり、僕がバランスを崩していると結論づけられた。結果、出場機会が減っていく。

そうなった時、「それでも、これで勝負できる」といった強い武器が僕にはなかった。たとえそれが無難なプレーであったとしてもそれを選び、まずはチームに安定感をもたらす選手、サイドバックになろうと考えた。見る人にとっては、個性のない平凡なプレーヤーに映るかもしれないが、そこに勝機があると思った。

結果だけを見れば、再び出場のチャンスが訪れ、今度は「高徳に任せておけば、チームのバランスが保てる」という評価を手にすることができた。それは、ブンデスリーガに慣れ、落ち着きが身についたタイミングでもあり、これが自分の道だと感じた。

特別な能力がなくとも、左右の足で正確なキックを蹴り、試合の流れを読んで、チームの状況を見て、バランスをとり、周りの選手をポジショニングやパス、そして声で動かす。それがたとえ、自分がやりたいプレーでなくとも、監督が描くサッカーを体現するための仕事を実行することで、チームに貢献しようと考えることが重要だった。

ドイツの圧倒的な若い指導者たち

37歳のハネス・ヴォルフ監督だけでなく、ハンブルクはゴールキーパーコーチも27歳と若い。今のドイツでは若手指導者がひとつのトレンドとなり、クラブもチャンスを与え、指導者育成に乗り出しているムードがある。とはいえ、指揮を執っている指導者たちが個性的な哲学、戦術を明確に持ち、それをチーム落とし込み、結果を残していることには驚かされる。しかも多くの監督が完璧な英語で指示を出せる。ペップ・クラウディオラもバイエルン・ミュンヘンで指揮を執っていた時、ドイツ語を話していた。選手に限らず、監督も仕事をするその国の言葉や選手たちと同じ言語を使えるのは、戦術を落とし込むうえで、大きなアドバンテージになるし、欧州では必要不可欠な能力なんだと改めて感じる。

　ドイツサッカー連盟の指導者育成コースでは、チームを構築するための講義が徹底的に行われる。選手へのアプローチの仕方やチームの雰囲気作りなど、戦術を落とし込むために欠かせない方法を学ぶ。加えて最新テクノロジーを使ったトレーニング方法や戦術分析などについての知識も得られる。そのうえで練りに練った独自の戦術を指揮官は身につけ、それを進化発展させる思考を磨く。また、心理学のライセンスを持っている指導者も多く、監督が持つべき必要な能力を多角的に身につける育成システムや文化がドイツにはある。

　現役選手として積んだキャリア、選手としての肌感覚、経験値も監督にとって重要な力だ。どんなに素晴らしい戦術も選手が実行しなくては、絵に描いたなんとかだ。選手を動

かすうえで、プレーヤーとしてのキャリアは役に立つ。また選手時代のキャリアがリスペクト対象となることもあるだろう。しかし、監督と選手とでは仕事が違う。名選手であっても監督業に対する学びの時間は必要だろう。

そういう根本的なことを理解したうえで、ドイツでは選手だけでなく、若い指導者が次々と登場しているというのは、本当に素晴らしいし、そういう国でプレーしていることを誇りに感じる。

「選手みんなに優しくする必要はないし、優しくしようとも思わない。ただ選手とは本音でぶつかり合っていく」

ラグビー日本代表元監督のエディー・ジョーンズがそう語っていたのを耳にして、まったくその通りだと思った。チームの選手全員がひとりの指揮官、監督を好きになることなんて、絶対にありえない。誰からも好かれようとする監督は、きっといい監督にはなれないだろう。

監督に必要な力をエディー・ジョーンズは「決断」といっていた。誰を選び、誰を選ばないのか。選ばれない選手にとっては非情とも思える決断だとしても、それをくださなければならない。「お前にも期待しているから」とあやふやにいうのではなく、「この試合でお前は必要ではない」とはっきりと伝える。そういう決断力を持たず誰にでも良い顔をする八方美人な監督には、選手も信頼を持てない。逆にそういう強い決断ができる監督を前にすると、選手は「今は無理なんだ」と開き直るしかない。

いろんな監督のもとで出場機会をもらえたが、それでも合う監督、合わない監督というのはある。しかし合わない監督であっても、選手はその監督に合わせようと努力するしかない。だからこそ、監督にブレがあると、合わせられなくなってしまう。「お前にもチャンスがある」と甘い言葉をいいながら、まったくチャンスをくれない監督は選手にとってもっとも最低な監督だ。だからこそ、厳しい言葉であっても、きっぱりと決断した監督の言葉に信頼感を選手は抱く。

「活躍」の意味

初めての2部シーズンの話に戻ろう。ハネス・ヴォルフ監督就任後、前半戦の8試合を6勝1分1敗として、冬の王者といわれる1位でウインターブレイクを迎えることができた。攻撃的な能力は高いチームなので、相手のカウンターで失点しない安定性を監督は求めている。ドイツ杯で時々あるが2部のチームは勢いに乗ると1部のクラブでも苦戦するような試合ができる。だから、力の差が結果に繋がらない試合も少なくない。ハンブルクの選手のクオリティは他チームよりも高いという自信はあるが、若い選手も多いので、メンタル面での強さが重要だと考えている。

ヴォルフ監督は教師みたいな人だ。親しき仲にも礼儀ありというか、若いからこそ、選手との関係でも一線を引き、それを越えない距離感を作る。そんなふうに規律を大事にする厳しさを漂わせながら、選手やスタッフと関わろうとする人間的な大きさも感じる。「監督」らしい監督という印象だ。監督自身がボールを蹴る姿を見たことがないし、練習でもスパイクを履いていないが、サッカーに対する確固としたフィロソフィーの持ち主だというこことが伝わってくる。

ハネスは「お前はチームのサッカーに欠かせない」といってくれる。僕のポジショニングひとつで味方にとって有効なスペースやパスコースを作ることができるから、90分間ずっと頭をフル回転させなければならない。「考える」「ポジショニング」と自分が意識していきたことを活かし、磨く毎日だ。

ずっとサイドバックをやってきて、攻撃へ出てのプレーもしてきた。そういう中で、ゴールやそれに繋がるプレー、結果がほしいという思考が僕は強かった。しかし、最近少し考え方が変わった。勝利を重ね、チームに勢いが生まれ、チームメイトが自信に溢れている様子を見ていると、ゴールという結果ではない仕事で、チームに貢献できているという手ごたえが生まれた。自分のプレーによって、チームが上手く回り、円滑にゲームが進められていると強く実感できる。

自分がチームのバランスをとる黒子のような選手だという自覚を持ちながらも、それプラス、得点という結果やわかりやすいインパクトを残すプレーにも強くこだわり続けてきた。しかし、今僕は、チームが勝つための歯車、ひとつのピースとしての仕事に大きなやりがいを感じている。

もちろん、試合のダイジェスト映像でピックアップされるような目立つ仕事をしたいという欲は今もある。けれど、それができなくても、酒井高徳の存在価値を示せる、たとえ黒子でもこれが僕の仕事だと自信が持てるようになった。

僕がいなければ、あのゴールも生まれないんだという自信と、必要とされているという充実感を抱けているのは、ヴォルフ監督の思考するサッカーと僕自身が合っているからだ

ろう。パフォーマンスに対する監督からの評価も感じる。結果やインパクトを残すようなプレーだけがチームへの貢献じゃない。今まで自分が考えていた「活躍」の意味が今、変わり始めている。

目立たなくても欠かせないプレイヤーになる

時間が許す限り、ブンデスリーガの試合を見ている。

その中で楽しみなのが、フランクフルトの長谷部誠さんだ。ハセさんは代表では不動のボランチとしてプレーしてきたが、ブンデスリーガへ来た当初は、サイドハーフやサイドバックといった本職ではないポジションで出場したり、試合にすら出られない時期も経験している。その後、ニコ・コヴァチ監督がフランクフルトの指揮を執るようになるとボランチに定着しただけでなく、3バックの中央、リベロという新しいポジションを任されるようになった。そして、コヴァチ監督がバイエルンへ移籍した2018-2019シーズン、新監督のもとでもリベロ起用が続いている。

ハセさんが出場した試合と、出場しなかった試合ではフランクフルトのサッカーが大きく変わる。自力のあるチームなので、ハセさん不在でもひどい結果になることはないけれど、ハセさんの存在感は非常に大きい。

ゴールを決めるとか、結果に直結する仕事ではないかもしれないが、それでもハセさんがいることでチームに安定感やリズムが生まれ、選手たちは活き活きとプレーし、勝利を手にしていることがわかる。

「ハセさんのような選手になりたい」

生意気かもしれないけれど、僕は自分のプレーとハセさんのプレーとを重ね合わせてしまう。楽しそうにプレーしているハセさんを見ながら、「わかります、その感じ」と思ってしまう。ハセさんがフランクフルトで欠かせない重要な選手であるように、「ハンブルクには高徳がいないとダメだ」といわれたい。だから、ハセさんを見ながら勉強させてもらっているし、ハセさんを目指すなら当然、自分への要求も高くなっていく。ハンブルクを1部へ復帰させた時、僕も1部でハセさんと同じような存在になれるようレベルアップしなければならない。

欧州には30歳半ばまでプレーしている選手はひと握りしかいない。35歳のハセさんが1部でそういう活躍をしていることは、同じ日本人して誇りに思うし、「自分も」という白

信を与えてくれる。

「仕事は結果（ゴール）ではないけれど、ハセさんの活躍はすごいんだよ」と一ファンのような気持ちでハセさんのプレーを見ている。そして、こういう生き方を自分も目指したいと思い、その挑戦が楽しいと感じている。

戦力であるために「いい返す」必要性

欧州でプレーする選手たちは自己主張が強い（まあこれは、サッカー選手に限ったことではなく、すべての人間の共通することかもしれない）。たとえば、パスが通らない時、「なにをやってるんだ」と怒鳴る。どちらかに非があるのだとすれば、それはお前のミスだと主張する。「俺のタイミングに合わせろ」ということだ。たとえ自分がミスをしたとしてもそれを認める選手は少ないだろう。お互いが主張し合うため、わずかでも譲ったほうが負けてしまう。だから、譲ろうとはしない。

ドイツへ来たばかりの頃の僕は、ドイツ語ができないから、「そうじゃない」といい返せなかった。それればかりか、尖った空気がいたたまれず、「僕が謝ればいいだけ」と謝ってばかりいた。いいたいこと、伝えたいことがあるのに伝えられないもどかしさを抱えながら、結果的に「OK。わかったよ」と相手の主張を受け入れてしまう。

「ドイツ語ができない高徳はいいたいこともいえず、ストレスを溜めているんじゃないか」なんて、こちらの立場を忖度《そんたく》してくれる人間はいない。「高徳は、どんなに感情をぶつけても、いい返さず、聞き入れるから、いくらいっても大丈夫」という感じで、気がつけば、いわれ放題だった。僕自身ストレスは溜まるし、チームメイトから舐められる。このままでは、どんどん立場が悪くなる。とにかくドイツ語を覚えて、いい返すようにならなくてはいけないと思った。

ドイツ語で会話ができるようになった今では、「そうじゃない、お前が悪いんだよ」といい返す。不思議なことに、そういういい争いは日常茶飯事だから、強い口調でいい合っても、引きずらない。自分の主張を吐き出せばスッキリするという感覚なのかもしれない。

外国でプレーするうえで、その国の言語を覚えるのは基本中の基本だと僕は思っている。ドイツで仕事をしているのだから、ドイツ語を覚えるのは義務だ。ドイツ語を覚えることは、ドイツ人に対してのリスペクトの表れ、礼儀だと思う。ドイツ語が理解できれば、監

督やチームメイトも「高徳はアジア人の選手」という目で僕を見ることもなくなる。ひとつの戦力として僕を見てくれる。ドイツ語を覚えることは、こちらの意気込みや覚悟、誠意を示す方法にもなるだろう。

シュツットガルト時代、チームメイトだった岡崎慎司さんが移籍したタイミングで、通訳スタッフからも離れ、自身のドイツ語で勝負するしかなくなった僕は、とにかくドイツ語で話そうと努めた。たとえそれが上手でなくても。

そういう姿勢をドイツ人選手たちも快く受け入れてくれた。やはり、自国の言葉を話そうと努力する外国人選手には好感を抱くものだ。それはJリーグでプレーするブラジル人選手が日本語を学ぼうとする姿を知れば、応援したいと思ったのと同じだ。

移籍したハンブルクでも通訳はつけず、加入会見もドイツ語で対応した。この壁を越えなければ、ドイツ語は上達しない。上達しなければ戦力になり得ない。ようは仕事にならない。そういう覚悟と危機感があった。

言語を覚え、ドイツの文化を知り、お互いの想いを伝えられているからこそ、理解し合える選手だと見てもらえるのかもしれない。次第に高徳は日本人・アジア人というより、ドイツ人という感覚がチームメイトにも生まれているようだ。

ドイツ的であることと、それだけにならないこと

言葉を覚えて、自分の想いを多少なりとも、伝えられるようになり、初めてコミュニケーションの質というものを考えるようになる。いいたいことを相手にぶつけるだけでは、コミュニケーションとはいえないからだ。

加入したばかりのハンブルクで感じたのは、チームの大半を占めていたベテラン選手が良くも悪くも存在感がありすぎたことだ。彼らの目に見えないプレッシャーによって、若手が委縮しているような印象があった。年齢的にちょうどその真ん中だった僕は、ベテランと若手を繋ぐようなコミュニケーションをとりたいと考えた。ベテランから「こうしてほしい」「こうすべきだった」と求められるだけのコミュニケーションは、若い選手にとって「自分が間違っていたのか」というプレッシャーにしかならない。だから、相手がどんなに若い選手であっても、僕は相手の主張に耳を傾けるべきだと思い、自分の意見や考えを伝えると同時に、「お前はどう思う?」と訊《たず》ねた。

これはドイツに来てからずっと気になっていたことだが、こちらの人は、一方的に自分

の考えを訴えるだけで、相手がどう感じているのかということに頓着しない人が多い。正直いうと、嫌だなといつも思っていた。相手の気持ちを想像する力が足りないなと感じるのは、僕が日本人だからなのかもしれない。

だからこそ、僕は「お前はどう考えてああいうプレーをしたの?」「俺としては、こういうふうにプレーしてもらったほうがいいんだけど、お前としてはどうなんだ?」と相手の考えを引き出すように話す。そうすることによって、初めてコミュニケーションが成立する。そして、ディスカッションが始まれば、新たな選択肢が生まれたり、チームにとっての可能性が拡がることもあった。

ドイツ語が話せなかった時、自分の想いを伝えられず悔しい経験した。それは「高徳にはなにをいっても問題ない」「お前のミスだろう」などと、言葉が話せないことで周囲に自分を決めつけられているような感覚だった。

サッカー選手に限らず、人にはいろいろな可能性がある。立たされた状況によって見え方が変わるかもしれない。しかし、ある一端だけを見て、他人が「こいつはこういう人間だ」と決めつけてしまうのは、やってはいけない行為だと思う。その人の可能性をつぶすことになってしまうから。

だからこそ、僕の目の前に立つその人が、どういう考えのもとで、その行動に至ったのか。その感情を知りたいし、それを汲み取ったうえで相手の可能性を探りたい。相手に寄り添うそうした関係が築ければ、自分の可能性を引き出すチャンスを手にできる。

欧州的な自分を主張することと、日本人的な相手の気持ちに寄り添うというふたつ——これもHALFではなくW（ダブル）であること——のスタンスを融合した僕のコミュニケーションで、周囲と強い関係を築くことができた。こういうふうに考えると、まさにハーフではなくダブルだと実感している。

「高徳は僕のことを理解してくれようとしている」

僕の姿勢をそう受け止めてくれたチームメイトから信頼を感じるようになったし、それがキャプテンという役割に繋がったのだと思う。

キャプテンとなれば、ドイツ語を話す機会が断然多くなる。チームメイトとの会話だけでなく、監督とも話すし、メディアの取材にも応じなければならない。年相応の流暢なドイツ語ではないかもしれないが、誰もが僕のドイツ語を受け入れてくれた。そして、話す

立場になればなるほど、僕のドイツ語も上達した。

ドイツを受け入れるだけでなく、そこに自分の良さを加える。海外で暮らし、仕事をするにはそれが、とても大事だった。

監督と距離を置き、選手とは縮める

「選手はみんな、高徳の話には耳を傾けている」

成績を立て直すために就任したマルクス・ギズドル監督からキャプテンに指名された時、抜擢の理由のひとつを監督はそう説明してくれた。僕のコミュニケーション能力を評価してのキャプテン就任だった。

キャプテンになってからは、監督との関係にも気をつけるようになった。

監督とは極力1対1で話さない。

こちらの選手と監督との距離感は、日本のそれと比べればとても近い。起用法など、疑問を持つとすぐさま問いただす選手も少なくはない。しかし、僕は監督から呼ばれない限り、自分から監督に声をかけることもしないようにしている。

キャプテンは、チームメイトの生の声を知るべきだと思うし、時にはそうした選手たちの総意を――指揮官の考えとは違ったことですら――監督に進言する役割がある。そんな時、キャプテンと監督の距離が近ければ、「監督に告げ口されるんじゃないか」と疑心暗鬼になる選手がいるかもしれない。そんな理由で「本当の気持ち」を話してもらえないというのは、絶対にあってはならない。だから、極力監督と話すことをしない。

ブンデスリーガの多くが多国籍軍だ。ドイツだけでなく、欧州各国、東欧、南米、アフリカ、そしてアジアと世界中の選手が集まっている。そういうグループでキャプテンを務めることで、出身国や地域によって、性格やタイプが分かれると感じた。その違いを理解することは、文化や歴史を理解することだと思っている。

日本人が規律正しく、指揮官のオーダーに忠実なのは、そういう教育を受けてきたからだし、それは武士道をはじめとした文化や歴史がバックボーンにあるはずだ。

チームをまとめるうえで選手の国民性を知ることは、非常に重要だと考えている。偉そうに語れるほどその国や地域の歴史や文化に精通しているわけではないけれど、ブンデス

リーガでいろんな国の選手と接する中で、出身国や地域によって、接し方や関わり方を変えるべきだと思うようになった。

たとえば、南米の選手はラテン系といわれるだけあって、基本的には陽気だ。仲間意識やファミリーという概念が強く、その絆や愛を感じた時、そのグループにすべてを捧げたいと思い、すごい力を発揮する。だから、「僕はいつでもお前の味方でいるよ」という気持ちを強く伝えることが大事だと思っている。

彼らもまた僕と同じように、異国であるドイツへ来て言葉が通じず苦労している。だから「今、話せなくて大変だろうけど、問題ないよ。ドイツ語ができず恥ずかしいかもしれないけど、なんでも聞いてくれ。お前はひとりじゃないんだから」と声をかける。キャプテンである立場の人間が寄り添えば、彼らの気持ちも軽くなると信じていたからだ。

東欧の選手は、いつも同胞といっしょにいて、なかなか他国の選手とコミュニケーションをとろうとしない。ついでにいえば、信用しようともしない。いつも自国の言葉で話をしている。きっといいたいこともいい合えるし、居心地はいいのだろう。しかし、それを他国の選手が見た時、「いったいなにを話しているのか？　俺たちの悪口をいっているんじゃないか」と不信感が生まれてしまう可能性もあると思っていた。だから僕はいつも、軽い調子で「お前らいつもいっしょにいすぎだろう。ちゃんとドイツ語で話せよ」と彼らをおちょくってその強固な輪をあえて崩そうと努めた。

　加えて彼らは気性が荒く、熱くなりやすい。たとえワンプレーであっても頭に来ることがあると、その試合中ずっと、イライラし、ゲームを乱すようなことも少なくない。「落ち着け、試合は90分続くんだから、やるべきことをしっかりやれよ。自分を見失うな」と歩み寄る。非常に自我が強く、規律を乱すことも平気な彼らのその自我を受け入れて、寄り添うことと同時にコントロールしなければならない。距離が縮まれば力強い仲間になるが、そこに至るまでが大変だ。

　アフリカ系の選手は奇想天外というか、読めない。本当にマイペースで周囲のことを一切気にしない。自由奔放で気分屋。やる気のある時とない時とでプレーのムラが大きい。高いポテンシャルを持っているのに安定してそれを発揮できない若いアフリカ系の選手には、強い口調で何度も何度も「お前のポテンシャルはすごいんだから、今日はやらないけど、明日はやるじゃやなくて、毎日きちんとやらなくちゃダメだ。そうすればチャンスが訪れるから」といい続けた。出場機会に恵まれずにいたある選手のことは、チームの輪を乱さないよう、そこから外れないように、より注意深く見張っていた（とはいえ、僕がキャ

プテンをしていた頃のハンブルクには、欧州系のアフリカ人はいても、生粋のアフリカ人選手はあまりいなかった）。

ドイツ人は、自国の選手というプライドもあるからなのか、なかなか他国の選手を受け入れようとしない面がある。ドイツ語が話せない人間を軽蔑するような態度で、相手をからかい続けて、大ゲンカになってしまったりすることもあった。相手の気持ちを考えることができないのかもしれない。

「ドイツ語ちゃんと話せよ」とチームメイトにキツくあたるドイツの選手に対して「ドイツ語なんて、ドイツでしか使わないじゃん。俺は日本に帰るし、ドイツ語を完璧に覚える必要なんてないんだよ。ちょっとしゃべれれば十分なんだ」とちゃちゃを入れたこともあった。

監督とは距離を置くがチームメイトと寄り添うことがキャプテンとして大切なスタンスだと僕は思ってきた。そしてそれはキャプテンを離れた今も基本的には変わらない（2部降格を機に「新しいキャプテンが必要だ」と僕から辞退した）。

それと同時に、若い選手が目指せるモデルにならなくてはいけないという責任感を持つべき立場だ。自分自身、先輩の姿を見て育ってきたことを考えると、見せる背中を意識して、日々をすごしている。

心地いい環境は、外からどう見えるかに注意する

「達哉、クラブハウスではあまり僕に話しかけないほうがいいぞ」

2017年秋、ハンブルク・セカンドから、伊藤達哉がトップチームへ昇格した時、僕はそう彼に告げた。柏レイソルの下部組織育ちの達哉と僕は同時期の2015年夏にハンブルクへ加入している。だから、彼がU－19時代、ハンブルク・セカンド時代からいっしょに食事にも行くし、私生活ではともに時間をすごすことも多かった。ドイツでのプレー経験も年齢も僕のほうが上なので、弟がひとり増えたように思っている。だから、達哉のトップ昇格は本当に嬉しかった。

しかし、チームメイトになった時、僕といっしょにいるのは、達哉にとってデメリットになると考えた。同胞同志がつるんでいると、周囲が抱く印象はどうしても悪くなる。ドイツ語ができる僕のそばにずっといる達哉は、ドイツ語が話せないんじゃないかと思われる可能性だってある。トップ昇格は達哉がひとりで戦い勝ちとった成果だ。彼は僕がいなくとも戦えるだけの力を持っているのだから、誤解を招く行動は控えるべきだ。

僕自身、シュトゥットガルトに加入した時、ずっとオカさん（岡崎慎司）といっしょにいた。その心地良さ、有難さは知っている。あの時は、周囲の眼なんて一切気にしなかった。ふたりの日本人選手と日本人通訳の３人がともに行動することの弊害なんて想像もできなかった。

しかし、それがお互いにとっていいことばかりではなかったかもしれないと今は思う。だからこそ、クラブハウスでは達哉とは距離をとっている。もちろん私生活では相変わらず、仲良くさせてもらっている。

２０１７年9月にトップデビューを先発で飾った達哉は、鮮烈なインパクトをチームやサポーターに残した。しかし、まだ20歳。長く怪我で離脱していた時期もあり、当時はまだフィジカル面で90分間戦うのが困難で60分未満で交代を余儀なくされていた。

そんな達哉についてドイツメディアに質問された僕のコメントが、翌日の紙面で紹介された。

「まだブンデスリーガのレベルにはないですね。毎試合50分程度で交代してしまうようではチームの助けにはなりません」と掲載された記事は、「酒井高徳が伊藤達哉を批判」という内容だった。そもそも記事の論調が、「伊藤はフィジカルが弱いから90分戦えない」というテーマだったこともあり、それを裏付けるような印象で僕の言葉が使われたのかもしれない。しかし、僕の真意はその記事では伝わっていなかった。もちろん、僕自身の言葉が足りなかったのも事実だ。

　チームとして先発した選手が50分程度で交代するのは、試合の流れをつぶす可能性もあるので痛い。しかも達哉は「なにかやってくれる」「チームの助けになれる」という大きな期待感のある選手だから、なおさら長い時間プレーするようになってほしい――そんな想いを伝えたかった。

　日本の感覚であれば、先輩が多少厳しいコメントをして、若い選手に檄《げき》を飛ばすという図式が成立するが、ドイツでは「チームメイトを批判する」という形になってしまう。文化の違いを実感した瞬間だった。

　その後僕は、自身のインスタグラムで、ドイツ語で発信した。

「試合後のタツへのコメントについて説明させてください。僕のドイツ語が完璧ではないから、僕とメディアの間にちょっとした誤解が生まれてしまった」

「彼のフィジカルレベルがまだブンデスリーガのレベルに達しているとはいえない。だから、50分くらいしかプレーできない。しかし、彼の力は90分間必要だといいたかった。他の選手と同じように、彼はすごく重要な選手です」

「僕にとってタツは弟のような存在で、家族です。いつもいっしょに努力してきたし、彼がこれまで2年間ハンブルクで辛い思いをしてきたことを知っている。だから僕は彼を決して批判しているわけではない」

「彼は僕の意図をわかってくれているし、僕たちの間にはなんのわだかまりもありません。お互いを理解し合っています」

ドイツメディアで報じられた一件だったので、日本語では発信しなかった。

これを機に、選手のプレーに対しては、詳細は本人に告げ、メディアには「良かった」とか「残念だった」とか、その程度にすべきだと思うようになった。それはドイツだからという話ではなく、日本でも同じだ。メディアを挟んで、伝える必要はないのだから。

「忠誠心」は僕を生かす

2017－2018シーズン最終節。

試合終了間際にサポーターが発煙筒を投げいれたことで、試合が中断する。その時にはすでにハンブルクの降格が決まっていた。それによって僕は自分の去就について決断する。他のクラブからのオファーもあったが、「このままハンブルクを去るわけにはいかない」という自分の気持ちに従おうと決めた。

スタンドに掲げられた『どこのリーグで戦おうとも僕たちはいっしょだ』という横断幕は、キャプテンとしての責任を感じていた僕の心に響いた。苦境に立たされたクラブから逃げ出すような、自分のことしか考えない選手じゃない。僕はハンブルクを愛していると心から思えた。

なかなか調子が上がることがなく、苦しい時間ばかりだったこのシーズン、もしも降格したら……と、気がつけば悩んでいる自分がいた。身の振り方については、できるだけシーズン中には考えないようにしていた。それでもふと、「どうするんだろう」という想いが頭をもたげる。

つい先輩に電話することもあった。

オカさん（岡崎慎司）は、「お前が残りたいという人間だということはわかっている。

それは本当にカッコいいことだけど、世の中には、そんなお前の気持ちはただの自己満足で、どうでもいいと思っている人間がいるってことも忘れるな。そういう自己満足よりも上へ行けるタイミングや場所があるなら、そっちを選んだほうがいいんじゃないか」といってくれた。なるほどそうだよなと納得した。

チームの降格によって、移籍を決意するのは、別に特別な話じゃない。そのことで後ろ指をさす人の気持ちはわかるが、正しいわけではない。

ただ、最終的には自己満足でもかまわないから、自分の可能性を1シーズンで1部復帰するというハンブルクのプロジェクトに賭けたいと決めた。

嬉しかったのは僕の決断をハンブルクのサポーターが喜んでくれたことだ。

サポーターとは、ポジティブな時間だけをすごしてきたわけではない。彼・彼女らの熱は時に重圧となるし、「俺らの金で……」みたいにいわれれば頭に来ることもある。でも、サポーターのハンブルクへの忠誠心と熱さには、心を奪われるし、感動する。

移籍のことを考えると、こうしたサポーターの想いを羨ましいと思うことがある。サポーターは「俺はハンブルクに忠誠を捧げる」と決めれば、一生その想いを貫くことが可能だ。

しかし、選手はそうはいかない。たとえ忠誠を誓っても、クラブから「必要ない」と契約を切られることもある。移籍が活発な欧州では、2、3年でクラブを変わる選手は少なくない。移籍金が高騰して、選手を商品のように売り買いする現実もある。

だから、クラブへ忠誠を捧げるのが難しい。「試合に出られなくなれば、移籍すればいい」と考える選手も多いだろう。しかし、それは選手にとってためにならないような気がする。スタイルが合わない、監督と合わないなど理由をつけて移籍するのは、逃げのような気がするからだ。

確かに僕も出場機会を求めて、シュトゥットガルトからハンブルクへ移籍した。だから移籍のすべてが間違いだとは思わないけれど、本来ならばどんな監督のもとでも、どんなスタイルでもあっても試合に出続けられる選手であるべきだ。

そんなのは理想論かもしれない。でも僕は真剣にそう考える。クラブへの忠誠心に重きをおくからだろう。全身全霊クラブのために働きたい。そういう想いをプレーで表現することもまた酒井高徳らしさだろうと思う。

シュトゥットガルトで3シーズン半、ハンブルクで4シーズンと長く在籍できるのは、僕の忠誠心がクラブやサポーターにも伝わっているからだろうか？　だとしたら嬉しい。忠誠心は僕のベースであり、原動力だから。

現役の最後はアルビレックス新潟の力になって終わりたい、という想いがある。そのタイミングがいつなのか、どういう形で戻れるのかは、分からない。ただ、僕を旅立させてくれたあのスタジアムや練習場、ファンサポーター、スタッフのみんなと再びいっしょに戦いたい。それは新潟を離れた時と変わらず、ずっと僕の中にある忠誠心だ。

日本サッカーを強くしたい

現役引退後のことを考えるのはまだ早いが、やはり多くの先輩同様に、日本サッカー界へ恩返ししたいという気持ちがある。

僕自身がドイツで積んだ経験を日本へフィードバックできれば嬉しい。それが指導者なのか、たとえば、海外移籍を目指す若い選手のサポートなのか、そして、その場所が日本なのか、ドイツなのかも今は分からないけれど。ただひとつ思うのは、監督はしないだろうなということ。

チームのあらゆることを決断し、チームを率いる監督という仕事にそれほど強い興味を今は持っていない。それよりも一歩引いたところで、監督をサポートし、監督が作ろうとする組織を補う仕事に興味があるし、そのほうが僕には適しているように思う。

日本を強くしたい。

そう考えれば考えるほど、今の日本のままじゃダメだという想いが募る。ドイツへ来て、日本で学んだサッカーの概念だけでは通用しないことを痛感した。日本人に合った戦術、日本にあるサッカー、日本の育成方法を微調整しただけで、結局同じことを繰り返していては、日本は世界で勝てないと感じている。それはドイツで戦って得た実感だ。

欧州、世界で実体験を重ねて、学び、その哲学を日本で表現できる指導者が必要だ。現在もバルセロナのようなサッカー、ドルトムントのようなスタイルをJリーグで表現しようとしている監督はいる。

でも、そのサッカーを本当の意味で体現できる選手や組織を作れてはいないと思う。「あと1メートル寄せる。あと半歩引いても問題ない」というディティールを追及していくためには、現地での体感も必要なんだと感じる。

僕が日本で指導したとしても、日本ではなかなか理解してもらえないことが多いに違いない。僕は、日本で当然だと思われているキャンプ、トレーニング、リカバリー、栄養、メンタル、戦術、すべてを変えたい。そして極端な話、Jリーグで勝つためのプレーを選手にはさせないだろう。

選手ひとりひとりが成長し、ドイツでプレーできるような環境を整える。僕がドイツで身につけたサッカーを体現できる選手、チームを作るだろう。そういうチームがどれくらい戦えるかは、少し興味がある。

エピローグ

今回、本を出すという機会に恵まれて思い浮かんだことは、自分の半生を書くということではなくて、自分が苦しみ、喜び、失敗し、成功を経験したことから感じた、思いを伝える、ということだった。

それは、もしかしたら自分と同じような境遇の人たちに、ちょっとかもしれないけれど、勇気を与えることができるかもしれない――おこがましいかもしれないけれど、そう思った。

幼少期、人とは違うというコンプレックスを抱えて生きていた。

それが、サッカーをとおして少しずつ自分を認めることができるようになり、さらには、人にも認めてもらえるようになった。

今より上に行きたい、そんなモチベーションが僕をどんどん前進させてくれ、海外でプレーし、キャプテンも経験した。

確実に、僕は変わった。コンプレックスを克復できた。

なぜか。

もちろんたくさんの人の助けがあったし、運やタイミングもあったかもしれない。それには感謝しかないけれど、自分がどうしてきたかということを振り返ると、確かだと思えるものがひとつあると感じている。

書いてきたように、ドイツに来てからの僕は、サッカーにおいて苦しい日々を過ごすことも少なくなかった。試合に出られないこと、腐ってしまったこと、降格争い、代表への葛藤……。そんなとき、支えてくれたのは日本人であることだった。

規律正しく、人としての思いやりをもつこと。

挫折をしても自分を律するプロフェッショナルであること。

他人を理解し、チームのことを考えること。

さらには、目立たなくても歯車となり、組織を支えること……。

ドイツでも日本人の素晴らしいメンタリティを忘れることなくまっとうし、表現できたことは、誇らしく、また酒井高徳という人間を大きく成長させてくれた。

そこから、ドイツを理解しようと言葉を覚えたことで、文化を知り、彼らのメンタリティを体得できた。たとえば、目を見て話したり、ハグをしたりと、自分を伝えることができるコミュニケーション能力は、日本人にはなかなかないものだ。

2シーズン前の2016年、降格争いの真っただ中というチームの窮地において、キャプテンに指名されたことは、「認められた」と思えた瞬間だった。それまでは、ブンデスリーガでプレーする日本人——ブラジル人選手、イタリア人選手と同じような——のひとりだったのが、ドイツ人として見てもらえている。さまざま人たちがいる中で、僕のメンタリティがドイツ人としても認められた、と思えた。

日本でも日本人として認められ、ドイツでもドイツ人としても認められた。

完全なる日本人の酒井高徳と、完全なるドイツ人の酒井高徳。

今の「酒井高徳」は、「ハーフ」ではなく、一人と一人が合わさったいわゆる「ダブル」だ。

ダブル。

そこには、僕が経験してきたさまざまなことが詰まっている。

日本人とドイツ人。

所属クラブと日本代表。

成功と失敗。

どれも、半分ではない。ひとつ。

このことこそが、僕が伝えられるかもしれない、僕にとって確かなひとつのことだ。

人は生まれながらにしてコンプレックスを持って生きていると思う。

それを認めてもらえるように、克服できるようにと、社会で生きていこうとしている人はいっぱいいるはずだ。

その過程では、いろいろな壁にぶつかり、でも成長しなきゃいけない、前に進まなきゃいけないという葛藤を抱いている。

でも、僕は思う。コンプレックスを持つことは悪いことではない、と。そしてコンプレックスに立ち向かうことで、その先に必ず克服があるということを知っている。

確かに、立ち向かってもうまくいかないことはある。

努力しても報われない。そんな経験は、僕を、僕も何度だってしてきた。でも、やり切ったからこそ、わかったこともある。果たして、報われなかったことに意味がなかったのか。

そんなことはない。意味はあった。

失敗したとしても、やってきたことには、次の成功のカギがあった。そして、そのカギは次の成功の扉を開けてくれた。

だからなにかを成し遂げられなかったとしても、うまく行かなかったからといって諦めないでほしい。

大事なのは、やり続けることだ。

決して成功している人と同じことをやる必要はない。自分には自分の強みがある。自分らしさを武器にして戦えばいい。

失敗したから成功の道がないわけじゃない。

成功したから失敗の道がないわけじゃない。

どちらもひとつとひとつ。やっぱりダブルだ。どちらも同じくらい、大事な意味を持っている。

コンプレックスが教えてくれたことは、とても大事なことだった。

ひとつが半分になるのではなく、半分はひとつひとつ。

サッカーをとおして、僕はコンプレックスを克復し、完全なる日本人の酒井高徳として、完全なるドイツ人の酒井高徳として、今を生きている。

きっと、これからもダブルとして、生きていく。

そんな僕の言葉が、みなさんの心に少しでも残ってくれればうれしい。

2019年3月吉日　酒井高徳

酒井高徳

GOTOKU SAKAI

profile

—

1991年3月14日生まれ。
日本人の父とドイツ人の母の間にアメリカで誕生も、新潟県三条市で育つ。
2009年 アルビレックス新潟ユースからトップチームに加入。
2012年1月、ドイツ・ブンデスリーガのシュトゥットガルトに移籍。
2015年7月、ハンブルガーSVへと移籍。
古豪の名門クラブでキャプテンに指名される。
ブンデスリーガ初の日本人キャプテン。
日本代表としては、U-15から各年代の代表に選ばれ続けてきた。
2010年1月、日本代表に初めて選ばれる。
同年のワールドカップ 南アフリカ大会には、
サポートメンバーとして帯同。
2012年ロンドンオリンピックに出場する。
2014年ワールドカップ ブラジル大会、
2018年ワールドカップ ロシア大会と2大会連続でメンバー入り。
ワールドカップ初出場を飾ったロシア大会後、代表を退くことを表明した。
日本代表Aマッチ通算42試合出場。

W～ダブル～
人《ひと》とは違《ちが》う、それでもいい

2019年 4月20日　初版発行

発行者　横内正昭
編集人　岩尾雅彦
発行所　株式会社 ワニブックス

装　丁　マッシュルームデザイン
構　成　寺野典子
編　集　川本悟史、中野賢也（ワニブックス）

〒150-8482
東京都渋谷区恵比寿4-4-9 えびす大黑 ビル
電話　03-5449-2711（代表）
　　　03-5449-2716（編集部）
ワニブックスHP　http://www.wani.co.jp/
WANI BOOKOUT　http://www.wanibookout.com/

印刷所　株式会社 美松堂
DTP　アクアスピリット
製本所　ナショナル製本

定価はカバーに表示してあります。

ISBN 978-4-8470-9786-7